GUIA PARA
Abertura de empresas

abdr
ASSOCIAÇÃO
BRASILEIRA
DE DIREITOS
REPROGRÁFICOS

Respeite o direito autoral

O GEN | Grupo Editorial Nacional – maior plataforma editorial brasileira no segmento científico, técnico e profissional – publica conteúdos nas áreas de ciências sociais aplicadas, exatas, humanas, jurídicas e da saúde, além de prover serviços direcionados à educação continuada e à preparação para concursos.

As editoras que integram o GEN, das mais respeitadas no mercado editorial, construíram catálogos inigualáveis, com obras decisivas para a formação acadêmica e o aperfeiçoamento de várias gerações de profissionais e estudantes, tendo se tornado sinônimo de qualidade e seriedade.

A missão do GEN e dos núcleos de conteúdo que o compõem é prover a melhor informação científica e distribuí-la de maneira flexível e conveniente, a preços justos, gerando benefícios e servindo a autores, docentes, livreiros, funcionários, colaboradores e acionistas.

Nosso comportamento ético incondicional e nossa responsabilidade social e ambiental são reforçados pela natureza educacional de nossa atividade e dão sustentabilidade ao crescimento contínuo e à rentabilidade do grupo.

José Donizete Valentina
Rinaldi da Silva Corrêa

GUIA PARA
Abertura de empresas

Aspectos fiscais, tributários e contábeis

gen | atlas

Os autores e a editora empenharam-se para citar adequadamente e dar o devido crédito a todos os detentores dos direitos autorais de qualquer material utilizado neste livro, dispondo-se a possíveis acertos caso, inadvertidamente, a identificação de algum deles tenha sido omitida.

Não é responsabilidade da editora nem dos autores a ocorrência de eventuais perdas ou danos a pessoas ou bens que tenham origem no uso desta publicação.

Apesar dos melhores esforços dos autores, do editor e dos revisores, é inevitável que surjam erros no texto. Assim, são bem-vindas as comunicações de usuários sobre correções ou sugestões referentes ao conteúdo ou ao nível pedagógico que auxiliem o aprimoramento de edições futuras. Os comentários dos leitores podem ser encaminhados à **Editora Atlas Ltda.** pelo e-mail faleconosco@grupogen.com.br.

Direitos exclusivos para a língua portuguesa
Copyright © 2019 by
Editora Atlas Ltda.
Uma editora integrante do GEN | Grupo Editorial Nacional

Reservados todos os direitos. É proibida a duplicação ou reprodução deste volume, no todo ou em parte, sob quaisquer formas ou por quaisquer meios (eletrônico, mecânico, gravação, fotocópia, distribuição na internet ou outros), sem permissão expressa da editora.

Rua Conselheiro Nébias, 1384
Campos Elísios, São Paulo, SP – CEP 01203-904
Tels.: 21-3543-0770/11-5080-0770
faleconosco@grupogen.com.br
www.grupogen.com.br

Designer de capa: Caio Cardoso
Imagem de capa: cyano66 | iStockphoto
Editoração Eletrônica: Set-up Time Artes Gráficas

CIP-BRASIL. CATALOGAÇÃO NA PUBLICAÇÃO
SINDICATO NACIONAL DOS EDITORES DE LIVROS, RJ

V252g

Valentina, José Donizete
Guia para abertura de empresas: aspectos fiscais, tributários e contábeis / José Donizete Valentina, Rinaldi da Silva Corrêa. São Paulo: Atlas, 2019.

  Inclui bibliografia
  ISBN: 978-85-97-01851-6

  1. Empresas novas - Finanças. 2. Empresas novas - Administração. 3. Empreendedorismo. I. Corrêa, Rinaldi da Silva. II. Título.

18-52132 CDD: 658.11
CDU: 005.511

Meri Gleice Rodrigues de Souza - Bibliotecária CRB-7/6439

Dedico este livro, especialmente, à memória do meu amado irmão Jorge Luis Valentina. A todos aqueles que se dedicam a empreender em nosso país, sem os quais não teríamos como almejar o progresso e um futuro melhor. A toda a classe contábil brasileira, que merece reconhecimento pela assessoria e pelo suporte que oferece todos os dias para a sobrevivência do empreendedorismo do nosso país, e da qual orgulhosamente faço parte. A todos os professores que se empenham na formação de novos talentos. A todos aqueles que buscam o desenvolvimento do conhecimento e da ética.

A todos, dedico esta obra com amor, esperança e gratidão. Muito obrigado e sucesso!

Professor Ms José Donizete Valentina

Dedico este livro a todos aqueles que me inspiraram e apoiaram nesta produção. À Professora Ms Vera Lúcia Della Torre de Moraes, minha mentora e grande incentivadora na profissão. À Professora Ms Fátima Regina Colevate, minha líder e espelho de dedicação e engajamento em todas as atividades acadêmicas, propulsora para o sucesso. Ao estimado Professor Ms João Henrique, gestor responsável pela unidade do Senac Campinas e a todos os professores e colegas dessa unidade, a quem devo muita consideração e respeito. Aos meus queridos alunos e ex-alunos dos diversos cursos em que já atuei, seja na graduação ou pós-graduação, fonte de grande inspiração, dedicação e admiração. A todos os micro, pequenos, médios e grandes empresários, a quem declaro extremo apoio e estima, como exemplos de dedicação e batalha. Aos empreendedores que lutam e buscam o seu lugar no mercado, verdadeiros geradores de boas ideias e possuidores de grande criatividade, tendo como destaque a coragem de empreender. A todos vocês, dedico esta obra com extrema humildade e alegria, expressando o meu muito obrigado!

Professor Ms Rinaldi da Silva Corrêa

Apresentação

Dos muitos motivos que levaram ao planejamento e à produção desta obra, intitulada *Guia para abertura de empresas: aspectos fiscais, tributários e contábeis*, pelo menos dois merecem um destaque especial. O primeiro diz respeito à grande necessidade e importância que cabe à classe empresarial para a economia e o desenvolvimento do nosso país, das empresas de grande e médio porte, dos micro e pequenos empresários, aos estudantes e empreendedores, em ampliar o conhecimento sobre os diferentes tipos de empresas possíveis de serem abertas e seus aspectos jurídicos, tributários e fiscais.

Considerando que o Brasil está entre os países de maior complexidade legal, fiscal e tributária para abertura de uma empresa, como, por exemplo, seria possível a elaboração de um planejamento tributário sem esse conhecimento? Como percorrer os caminhos para abertura de uma empresa sem as informações necessárias? De igual importância, destaca-se também o saber sobre a contabilidade como ferramenta para tomada de decisões. Mesmo em um nível básico, isso se mostra necessário, levando em conta a utilização estratégica de análises e controles financeiros, independentemente do porte ou da estrutura da empresa. Como saber se o negócio é rentável ou promissor? Como diagnosticar os problemas financeiros? Como avaliar capacidade de pagamento da empresa? A ausência desses controles analíticos impossibilita uma boa gestão e passa a ser um risco real para o fechamento prematuro da empresa.

Uma segunda justificativa está relacionada à satisfação dos autores em poder compartilhar as experiências acumuladas ao longo de suas vidas profissionais e o conhecimento adquirido pelos estudos e pelas pesquisas dedicados à vida acadêmica, como também nas áreas de consultoria e assessoria, o que possibilitou constatar quais são as principais deficiências e necessidades de conhecimento dos empreendedores na hora de formalizar os seus empreendimentos. Embora isso possa representar uma sensação um tanto difícil de descrever, há uma satisfação intrínseca que é viva e exerce um intenso desejo em deixar legados que sirvam de ajuda para os que almejam um dia abrir o seu próprio negócio.

Abrir hoje uma empresa exige decisões que vão muito além do que simplesmente sonhar. Não é que sonhar seja algo proibido ou prejudicial, longe disso! Sonhar é importante e faz parte de nossas inspirações geradoras de boas ideias. Mas o ato de abertura de um negócio é muito real e requer um mínimo de lucidez, conhecimento e preparação, sendo necessário conhecer as etapas envolvidas nesse processo e estar consciente da grande responsabilidade que é montar e administrar uma empresa, independentemente do porte.

Muitos se perguntam se o sucesso nos negócios está atrelado à sorte. A sorte nos negócios é uma coisa que, segundo Thomas Alva Edson[1], acontece "quando a oportunidade encontra o planejamento", portanto não é errado dizer que a sorte faz parte desse contexto. Contudo, no que se refere às muitas decisões a serem tomadas, apenas "sorte" não será o suficiente, pois se trata de algo que deve estar firmemente alicerçado em **conhecimento, planejamento, capacidade inovadora e muito trabalho**. Evidentemente, essas ações exigirão algumas horas de dedicação e autodisciplina, ter a clareza sobre todo contexto e saber exatamente quais são os aspectos fiscais e tributários exigidos para o tipo de empresa que se pretende abrir. Sua modalidade, classificação e quais os impostos serão exigidos pelo município, pelo estado e pelo governo federal. Além disso, para que se exerça uma boa gestão financeira, é

---

[1] Thomas Alva Edson foi um grande empreendedor e empresário dos Estados Unidos que patenteou e financiou o desenvolvimento de muitos dispositivos importantes de grande interesse industrial. Patenteou 2.332 projetos de invenção.

de suma importância o conhecimento sobre as ferramentas contábeis que auxiliarão em todo o monitoramento econômico/financeiro da empresa. Caso você pretenda montar o próprio negócio e obtenha o conhecimento necessário sobre todos esses aspectos, considere-se um futuro empresário de sorte!

Esta obra visa capacitar e conceder ao leitor as competências necessárias para abertura de uma empresa, gerindo de forma eficiente os controles contábeis e financeiros. O texto foi cuidadosamente planejado e estruturado para uma fácil compreensão. Optou-se por um modelo didático voltado ao aprendizado sem a exigência de pré-requisitos para seu entendimento. Ao longo dos seis capítulos, como suporte pedagógico, o livro apresenta uma história empreendedora (hipoteticamente criada) na qual o protagonista (Roberto) representa a figura dos milhões de empreendedores que se empenham pelo sucesso empresarial. Com o intuito de um melhor aproveitamento dos assuntos, todos os capítulos foram contemplados com exercícios para fixação do conhecimento. Incentivamos fortemente as resoluções dos exercícios como parte integrante do aprendizado.

Este livro foi escrito com o intuito de capacitar empreendedores, estudantes, empresários e todos que possuem o desejo de obter um melhor entendimento sobre duas vertentes relevantes para a abertura e a gestão financeira de qualquer modalidade de negócio. A primeira está relacionada aos aspectos legais (fiscal e tributário) que qualquer empreendedor precisa conhecer. Em seguida, é apresentado um estudo prático e esclarecedor sobre as principais ferramentas contábeis que devem ser usadas na gestão financeira da empresa.

O capítulo introdutório aborda uma série de orientações que devem ser consideradas no momento em que se pensa em abrir uma empresa, levando em conta a necessidade de um planejamento prévio, alicerçado em conhecimentos específicos sobre os aspectos societários, fiscais e tributários. O segundo capítulo considera o ponto de partida de um empreendimento: ser uma pessoa física ou jurídica? As seções desse capítulo apresentam as obrigações jurídicas e fiscais pertinentes a cada opção. Obedecendo a uma linha lógica de procedimentos, o terceiro capítulo apresenta os diferentes tipos jurídicos de empresas e quais são as diretrizes legais para ser um empresário. O quarto capítulo apresenta o desdobramento final do processo de abertura de uma empresa e importantes reflexões sobre a necessidade do capital inicial, o planejamento tributário e os caminhos para a formalização (registro) da empresa. O quinto capítulo dá início ao módulo gerencial, propondo uma abordagem básica e introdutória da contabilidade. O objetivo é fazer entender sobre a importância da contabilidade como ferramenta para tomada de decisões e a apresentação dos principais documentos contábeis que darão base para cálculo de análises contábeis e financeiras. O sexto e último capítulo provoca uma interessante discussão sobre o uso da tecnologia nos processos jurídicos e fiscais, desde a abertura até os controles da empresa.

Na aquisição desta obra, o leitor terá acesso a um material complementar explicativo no formato de videoaulas, que deve ser cuidadosamente assistido. Não é uma transposição dos capítulos, mas, sim, um reforço conceitual, apresentado em forma de aulas pelos próprios autores.

Como visto, o livro apresenta uma interessante integração dos capítulos, obedecendo a uma sequência lógica do passo a passo para abertura e gerenciamento contábil e financeiro de uma empresa. Considerando que no mundo empresarial o conhecimento é um fator de mitigação de riscos e um diferencial significativo para o sucesso do empreendimento, esperamos que tirem o máximo de proveito do livro e que consigam agregar conhecimento sobre esse importante assunto. Desejamos ao leitor uma excelente leitura e que esse conhecimento possa servir como um diferencial estratégico para o desejado sucesso.

Boa leitura e sucesso!

Os autores

Agradecimentos

Agradeço primeiramente a Deus, pela benção de poder publicar esta obra e poder levar um pouco de luz a todos aqueles que atuam na área do empreendedorismo. Agradeço a minha esposa, Suzeli Blans Argoelho Valentina, e a minha filha, Lorena Blans Valentina, pelo carinho e pelo apoio na execução deste projeto. Agradeço aos meus pais, José Dala Valentina e Sebastiana Benedicta do Nascimento Valentina, pelo amor que sempre me deram. Agradeço a todos os amigos que muito me apoiam e me incentivam a seguir em frente em meus projetos, em especial a minha amiga Simone Sill de Andrade, pelo apoio na conclusão deste livro. Ao Professor Ms Rinaldi da Silva Corrêa, grande amigo, a quem muito admiro pelo caráter ilibado, pelo profissionalismo e por ter me honrado em dividir esta obra. A todos, desejo as bênçãos divinas, com muita saúde e sucesso.

Professor Ms José Donizete Valentina

Agradeço primeiramente a Deus, dador da minha vida e a quem atribuo de forma exclusiva minha saúde e a capacidade física e mental que possibilitaram a execução deste projeto. Não posso deixar de destacar minha gratidão e carinho, com expressiva admiração, à Sra. Therezinha da Rosa Corrêa, mãe exemplar e muito batalhadora a quem devo minha carreira e minha inteira formação acadêmica e que me incentivou de forma muito motivadora ao longo de toda a minha vida. Ao meu filho, Márcio da Silva Corrêa, e a sua família, meu orgulho e principal pilar de minha vida. Ao professor Ms José Donizete Valentina, grande companheiro e amigo, a quem guardo grande estima e confio o sucesso desta empreitada. Não me esquecendo, entretanto, de todos os muitos amigos, colegas de trabalho e entes queridos (família Marqueti), que convivem ao meu lado e de quem recebo importantes apoios e incentivos não só para a produção deste livro, mas para minha inteira qualidade de vida. A todos, meus sinceros e eternos agradecimentos.

Professor Ms Rinaldi da Silva Corrêa

Sumário

1 Aspectos legais do empreendedorismo, 1

2 Ser pessoa jurídica (abrir empresa) ou ser pessoa física?, 5
   2.1 Autônomo, 6
       2.1.1 Aspectos fiscais e tributários do autônomo, 9
           2.1.1.1 Perante a Receita Federal do Brasil, 9
           2.1.1.2 Perante a Previdência Social, 10
           2.1.1.3 Perante o município, 11
       2.1.2 Contratação de funcionário, 12

3 Como definir o modelo de empresa a ser aberta, 15
   3.1 Microempreendedor Individual (MEI), 17
       3.1.1 Tributação, 18
       3.1.2 Atividades permitidas, 18
       3.1.3 Benefícios, 18
   3.2 Sociedade anônima, 19
   3.3 Sociedade empresária, 21
       3.3.1 Constituição da sociedade empresária, 22
   3.4 Sociedade simples, 26

4 Passo a passo para a abertura da empresa, 29
   4.1 Primeiras definições, 30
       4.1.1 Nome da empresa, 30
       4.1.2 Endereço da empresa, 31
       4.1.3 Capital social, 32
       4.1.4 Registro, 33
   4.2 Principais aspectos fiscais e tributários, 36
   4.3 Empresas enquadradas no Simples Nacional, 37

4.3.1 Principais características do regime do Simples Nacional, 38
4.4 Principais tributos federais, 44
    4.4.1 Imposto sobre Produtos Industrializados (IPI), 44
        4.4.1.1 Princípio da seletividade, 45
        4.4.1.2 Princípio da cumulatividade, 45
    4.4.2 Tributos incidentes sobre o lucro, 46
        4.4.2.1 Lucro Real, 48
        4.4.2.2 Lucro Presumido, 50
    4.4.3 Tributos incidentes sobre as receitas mensais, 53
4.5 Tributos estaduais, 54
    4.5.1 Diferencial de alíquota, 55
    4.5.2 Substituição tributária, 55
4.6 Principal tributo municipal, 57
4.7 Obrigações acessórias digitais, 58
    4.7.1 Obrigação tributária principal, 58
    4.7.2 Obrigação tributária acessória, 58
4.8 A importância da escrituração contábil, 61

5 A importância das ferramentas contábeis na gestão financeira das empresas, 65
5.1 Demonstrações contábeis, 68
5.2 Balanço patrimonial, 68
    5.2.1 Conjunto de contas do balanço patrimonial, 69
    5.2.2 Estrutura do balanço patrimonial, 71
    5.2.3 Outros termos comuns na contabilidade, 71
5.3 Demonstração do Resultado do Exercício (DRE), 74
5.4 Quadro clínico da empresa, 77
    5.4.1 Etapas para o processo de análise, 78

6 O impacto da tecnologia na abertura e manutenção das empresas, 99

Glossário, 103

Referências, 111

Respostas dos exercícios, 113

1
Aspectos legais do empreendedorismo

Assista ao **vídeo**

Objetivos de aprendizagem

Ao final deste capítulo, o leitor deverá estar preparado para:
- compreender aspectos gerais relacionados à abertura de uma empresa;
- entender a necessidade de um planejamento prévio e a necessidade de conhecimentos específicos sobre as partes societária, fiscal e tributária;
- compreender as tendências do desaparecimento da informalidade e sonegação nos negócios.

O sucesso empresarial pode ser considerado uma música interpretada por uma orquestra, na qual todos os instrumentos tocados são igualmente importantes, mas, se não houver harmonia entre eles, o objetivo final, que é a música, não será alcançado. Da mesma maneira, no mundo dos empreendimentos, há uma série de instrumentos igualmente importantes e relevantes: a configuração societária, fiscal e tributária. Se esses instrumentos não forem tratados com a mesma importância, o empreendimento estará fadado ao fracasso.

É importante ressaltar que, embora esses itens sejam atribuídos normalmente para a análise de um contador – o que é obrigatório –, é necessário que o empreendedor tenha o mínimo de conhecimento para poder interagir com ele e saber expressar a sua vontade. Lembre-se que, nos tempos atuais, conhecimento é poder, e saber se manifestar naquilo que se pretende fazer possibilita até que o empreendedor tenha maior facilidade de selecionar um profissional da contabilidade que possa trazer confiabilidade e segurança no serviço solicitado de abertura e configuração fiscal e tributária do novo empreendimento.

Embora o Brasil esteja em terceiro lugar no *ranking* mundial de empreendedorismo, com mais de 16 milhões de empreendimentos ativos, representando mais de 90% dos negócios existentes no país, também está entre os países de maior complexidade tributária e burocrática do mundo. Existem mais de 3 mil leis ativas, e, se não formos considerados incapazes juridicamente, não estamos isentos do cumprimento delas, nem podemos alegar desconhecimento das leis. Também temos mais de 60 tipos de tributos e mais de 160 obrigações acessórias (até o momento de edição desta obra).

Assim, o enquadramento jurídico e fiscal tornou-se um item de grande relevância para o nascimento e a operacionalização de um negócio, pois ele estará sujeito a regras societárias, fiscais e tributárias. Se essas regras não forem entendidas e analisadas corretamente, poderão tornar o empreendimento inviável e sujeitar o empreendedor a pesadas multas e penalizações, podendo esse ser considerado o fator que tem dificultado a abertura de novos negócios e até o sucesso de muitos já abertos.

Um grande perigo para quem quer iniciar um negócio é planejar o futuro olhando para o passado. No Brasil, devido à alta complexidade jurídica e fiscal existente, criou-se a cultura de "dar um jeitinho". Como consequência, a maioria dos negócios existentes no país eram informais, ou seja, não legalizados e não contribuintes dos seus tributos ao ente público (nos âmbitos municipal, estadual e federal), o que originou uma gama muito grande de empresários e profissionais que lhes assessoravam não preparados para a formalização e não profissionalizados para isso.

Hoje, optar pela informalidade no Brasil está cada vez mais difícil, pois o governo, por meio de um complexo e eficiente sistema de fiscalização, usando a nota fiscal eletrônica, o Sistema Público de Escrituração Digital (SPED) e outras ferramentas digitais, não deixa a ilegalidade como uma opção para o empreendedor. O Brasil tem uma eficiente tecnologia de fiscalização e arrecadação, que torna possível para o Fisco monitorar, de forma analítica, os estoques das empresas, suas vendas, a estrutura dos produtos fabricados, todas as operações trabalhistas (quase em tempo real de contratação, férias, afastamento, obrigações sociais e dispensa), ficando difícil pensar em informalidade dentro desse cenário futurista. Por isso, atualmente, qualquer empreendimento que busque ter sucesso dependerá de muito planejamento e conhecimento nessa área. Podemos considerar também que ainda existem resquícios de uma concorrência desqualificada que não irá sobreviver a essas novas exigências, o que é muito ruim para eles, mas uma oportunidade e um diferencial, a curto e médio prazo, para aqueles que estão chegando da forma correta e profissionalizada.

Se considerarmos que o empreendedor de sucesso é aquele que planeja e enxerga oportunidades onde ninguém as vê, é resiliente e supera desafios, podemos afirmar que o enquadramento e planejamento societário, fiscal e tributário são apenas mais alguns detalhes dos quais ele estará se inteirando, adaptando-se e superando com a assessoria adequada. No entanto, mesmo para buscar esse assessoramento, é importante ter noções básicas quanto a esses assuntos, pois, no mundo empresarial, como já foi dito, conhecimento é poder, e o diferencial para saber como tomar decisões corretas é contratar uma assessoria eficiente, assim como ter os conhecimentos básicos dos principais assuntos que permeiam a abertura de um empreendimento. Para isso, vamos entender nos próximos capítulos alguns aspectos relevantes e necessários para a formalização de um empreendimento.

Caso para análise – Partindo para abrir a própria empresa

Algumas experiências conhecidas sobre abertura de novos negócios são, de fato, motivadoras e estimulam os sonhos empreendedores de muitas pessoas. Apresentamos abaixo o caso do Roberto, um genuíno brasileiro que reside na cidade de São Paulo e, depois da sua recente aposentadoria, resolveu abrir sua própria empresa.

Você, leitor, está convidado a participar ativamente do desenrolar dessa história como um importante coadjuvante, pois, com o conhecimento adquirido em cada capítulo deste livro, você poderá ajudá-lo a se tornar um empresário bem-sucedido. Mas lembre-se: suas orientações poderão determinar o sucesso ou fracasso de Roberto como empreendedor.

Roberto trabalhou por 38 anos em uma única empresa e começou sua carreira ainda adolescente como ajudante de cozinha em uma grande multinacional. Com o passar dos anos, se destacou na função e foi considerado pelos colegas de profissão e pela própria chefia o melhor cozinheiro da equipe. Confiando em sua vasta experiência profissional, Roberto resolveu abrir seu próprio restaurante, mas se sente um pouco preocupado, porque não sabe por onde começar, como fazer e o que pensar.

Seus amigos e parentes estão incentivando bastante sua ideia e afirmam que é muito simples atingir esse objetivo e o conhecimento que possui em cozinha seria suficiente para iniciar essa empreitada, mas o sucesso desse empreendimento dependerá também da viabilização legal, ou seja, de atender às exigências legais e fazer os enquadramentos fiscais corretamente. Para alcançar esse objetivo, contamos com você.

Sua opinião como consultor

Roberto necessita de suas orientações quanto às seguintes dúvidas:

a) Além da experiência e do conhecimento em cozinha, o que mais Roberto necessita saber para montar sua própria empresa?

b) Com base em todos os aspectos que foram abordados neste capítulo, quais seriam suas primeiras orientações para que Roberto tenha condições de dar os primeiros passos de maneira segura e na direção certa?

c) Explique a importância do planejamento e o que deve ser considerado antes mesmo de pensar em abrir a empresa.

2

Ser pessoa jurídica (abrir empresa) ou ser pessoa física?

Assista ao **vídeo**

Objetivos de aprendizagem

Ao final deste capítulo, o leitor deverá estar preparado para:
- compreender as características que definem e distinguem a pessoa física da jurídica;
- conhecer as obrigações fiscais e tributárias de um profissional autônomo.

Quando se pretende explorar uma atividade comercialmente na área de prestação de serviços, uma dúvida comum é quanto à possibilidade de explorar essa atividade como pessoa física, ou seja, sem a abertura de empresa. Neste capítulo, vamos entender como é tratada a pessoa física em nossa legislação e se essa é uma opção viável para o seu caso.

A **pessoa física** pode ser considerada um ser fisicamente constituído. Até que nossa tecnologia diga o contrário, as pessoas físicas somos nós, pessoas, que nasceram, cresceram e, em determinado dia, tomaram a decisão de ser empreendedores. Diferem da empresa, que é uma **pessoa jurídica**, pois, como o próprio nome já diz, foi juridicamente constituída e não existe fisicamente, sendo algo intangível, que existe apenas no mundo do intelecto humano: se os seres humanos convencionassem que a empresa não precisaria mais existir, ela simplesmente deixaria de existir. Por isso muitos se referem às pessoas jurídicas como entidades jurídicas (lembrando que a entidade é algo cuja existência física não pode ser comprovada, mas que os seres humanos convencionaram acreditar em sua existência, atribuindo-lhe valores e, no nosso caso, também deveres).

Vejamos como uma pessoa pode prestar seus serviços por meio de sua pessoa física:

- Com vínculo empregatício: talvez essa seja a forma mais comum e conhecida em nosso país para prestação de serviços, por meio do contrato trabalhista regido pala Consolidação das Leis do Trabalho (CLT). Normalmente, na maioria dos casos, o empreendedor não quer ter o vínculo empregatício, que implica a submissão a um chefe, a habitualidade de cumprimento das regras da empresa e o recebimento de sua remuneração na forma de salário.
- Sem vínculo trabalhista: o contrato sem vínculo empregatício, como **autônomo**, é obrigatoriamente o oposto do que foi explicado no tópico anterior, sendo a condição mais comum de prestação de serviços para aqueles que não consideram a pessoa jurídica uma opção viável no momento em que estão iniciando a sua prestação de serviços. A seguir, vamos entender melhor como é possível optar por ser um autônomo, quais são suas exigências e tributações.

2.1 AUTÔNOMO

Tendo como base as disposições das legislações trabalhista e previdenciária, assim como as decisões judiciais proferidas pelos vários Tribunais Regionais do Trabalho (TRTs), define-se "profissional autônomo" ou "autônomo" como a pessoa física que exerce atividade profissional (urbana ou rural), por conta própria, em caráter eventual ou não, a uma ou mais empresas, sem relação de emprego. Para ser caracterizada, essa atividade depende dos seguintes pressupostos obrigatórios:

a) Pessoalidade da contratação: o autônomo é a pessoa que está sendo contratada, e não um terceiro por meio dele.
b) Eventualidade da prestação de serviços: o serviço do autônomo ou é eventual e presta seus serviços para diversas empresas ou pessoal. Mesmo configurada a prestação de serviços na condição de autônomo (sem vínculo empregatício), sendo a determinação

do período de prestação de serviços pelo autônomo aceita por cada empresa para não caracterizar a quebra da eventualidade, um item que depende da interpretação do seu departamento jurídico, tendo como referência a atividade da empresa e o tipo de serviço que será prestado, devendo isso ficar sempre claro entre as partes antes do fechamento do contrato.

c) Subordinação hierárquica: o profissional é independente e não tem patrão. A obrigação principal do autônomo é o objeto constante no contrato de prestação de serviços firmado com o contratante. Uma vez que a obrigação é cumprida de maneira independente pelo autônomo, encerra-se o contrato existente.

d) Não caracterização de serviço prestado mediante pagamento de salário: o autônomo recebe a remuneração pelo serviço prestado conforme contrato firmado e nada mais. A figura do salário atende a uma legislação específica e remete ao vínculo empregatício.

Para recebimento dos seus valores contratados, o autônomo emite um Recibo de Pagamento de Autônomo (RPA), que se resume a um recibo-padrão, que pode ser confeccionado em arquivo de texto no computador ou, em casos excepcionais, até emitido manualmente à caneta. Muitos tomadores de serviços preferem fazer os recibos a serem assinados pelos contratados no ato do pagamento, sendo importante que sejam efetuados em duas vias e que uma seja arquivada pelo prestador do serviço.

Fique por dentro

É importante ter especial atenção aos itens citados, pois, se confirmado o não cumprimento desses pressupostos, será caracterizado o vínculo empregatício.

Caso o vínculo empregatício seja caracterizado, a pessoa jurídica contratante estará sujeita a diversas obrigações, como:

- remunerar a pessoa física, retroativo à data da contratação, em todos os seus direitos trabalhistas, em conformidade com as legislações trabalhistas e previdenciárias vigentes;

- cumprir as obrigações principais (pagamento dos tributos) e acessórias (transmissão de arquivos digitais, chamada de obrigações acessórias);
- arcar com todos os juros, as multas e penalizações cabíveis.

Ou seja, se não for feita de forma correta e segura, a contratação de um autônomo é um grande risco para o contratante e poderá afetá-lo de forma significativa. Esse tem sido um fator de rejeição por muitas empresas para contratação nessa modalidade, já que o maior risco sempre será do contratante.

A forma de contratação para essa modalidade é a confecção de um contrato entre as partes, contratante e contratado, contendo no mínimo os seguintes itens:

- data;
- dados completos do contratante e do contratado;
- descrição do serviço objeto do contrato de forma detalhada;
- prazo para entrega;
- valor e datas de pagamento;
- demais cláusulas especiais (por exemplo, o que acontece na impossibilidade de se obter as informações, ou acesso ao local da prestação do serviço, na hipótese da extinção do contrato antes do término do serviço contratado etc.);
- assinaturas de duas testemunhas, do contratante e do contratado.

É importante ressaltar que o contrato de prestação de serviços é um item de grande relevância tanto para o prestador como para o tomador do serviço, e sempre deve ser feito. Quando possível, deve ser efetuado por um advogado, que é o profissional mais qualificado para essa tarefa.

Importante

Nenhuma cláusula contratual poderá sobrepor o vínculo trabalhista, caso este venha a ser constatado.

2.1.1 Aspectos fiscais e tributários do autônomo

A seguir, foram relacionados os principais aspectos fiscais e tributários do autônomo nos âmbitos da Receita Federal, da Previdência Social e dos municípios.

2.1.1.1 Perante a Receita Federal do Brasil

Para tributação junto à Receita Federal do Brasil, é necessário que o autônomo tenha especial atenção quanto a estar prestando serviços para pessoas jurídicas (empresas) ou para outra pessoa física. Como exemplo, podemos citar os serviços de um dentista, que pode atender os pacientes de uma empresa e ser remunerado por ela ou pode atender os pacientes (pessoas físicas) e receber o pagamento dos serviços prestados diretamente deles.

Se prestar serviços para pessoa jurídica

Nesse caso, quem procede ao cumprimento das formalidades tributárias e fiscais geralmente é a empresa contratante, o que facilita muito para o autônomo. A empresa deve reter dele diretamente no ato do pagamento (ou seja, na fonte) o percentual de acordo com a tabela progressiva do imposto de renda vigente no momento, observando que até o mês de fevereiro do ano seguinte a empresa deverá enviar ao autônomo o seu Informe de Rendimentos contendo todos os pagamentos efetuados e as respectivas retenções na fonte do imposto de renda para que ele possa fazer sua Declaração do Imposto de Renda de Pessoa Física.

Se prestar serviços para pessoa física

Nesse caso, a responsabilidade da arrecadação por serviço fica por conta do próprio autônomo, devendo, para cada mês encerrado, efetuar o preenchimento do *software* da Receita Federal do Brasil, chamado **Carnê-Leão**. Nele são lançados os serviços prestados no mês e, pelo total dos serviços, é calculado o Imposto de Renda Retido na Fonte a ser recolhido. O percentual também é definido de acordo com a tabela progressiva do imposto de renda vigente no momento, devendo o autônomo emitir a guia de recolhimento Documento de Arrecadação de Receitas Federais (DARF) e efetuar o recolhimento no mês seguinte, de acordo com o prazo de vencimento vigente.

Observe que não existe a possibilidade, salvo no caso de isenção, de o autônomo efetuar o cálculo e o recolhimento do imposto de renda somente no momento de fazer sua declaração de imposto de renda de pessoa física anual. O Carnê-Leão é mensal, e, se o autônomo tiver rendimentos todos os meses de um ano e estes não estiverem dentro do limite de isenção do imposto de renda, ele terá doze recolhimentos no ano.

Para quem fizer uso dessa legislação, é importante se inteirar dela, pois existem diversas situações especiais que afetam de forma significativa os valores do Imposto de Renda Retido na Fonte, como a possibilidade de o autônomo escriturar o livro-caixa (para o Carnê-Leão) e tributar somente sobre o resultado entre as receitas do período, subtraindo as despesas do período (salário da secretária, aluguel, água, energia elétrica etc.). Nesse caso, é recomendada a contratação de um profissional da contabilidade para assessorar o autônomo e garantir o correto cumprimento da legislação vigente.

2.1.1.2 Perante a Previdência Social

Inscrição no Instituto Nacional do Seguro Social (INSS)

Para ser um contribuinte e beneficiário da Previdência Social, é necessário que o autônomo – considerado contribuinte individual e segurado obrigatório da Previdência Social – seja inscrito no INSS, podendo ser por meio do serviço de cadastro, que é permitido ao contribuinte que não possui o Número de Inscrição do Trabalhador (NIT) ou a inscrição no Programa de Integração Social/Programa de Formação do Patrimônio do Servidor Público (PIS/PASEP). A inscrição perante o Regime Geral de Previdência Social, independentemente da categoria profissional, é única e permanente, cabendo apenas alterações cadastrais (quando necessário).

Uma vez inscrito na Previdência Social, o autônomo estará sujeito ao recolhimento da sua contribuição: parte para custear o sistema de seguridade social brasileiro, parte para pagamento do seu plano de previdência do INSS. Da mesma forma que ocorre com o Imposto de Renda, para o recolhimento da Previdência Social deve ser observado se os serviços foram prestados para pessoas jurídicas (empresas) ou para outras pessoas físicas.

Se prestar serviços para pessoa jurídica

Quando o serviço for prestado para uma empresa, em geral, a tomadora do serviço irá descontar do autônomo (contribuinte individual) a alíquota de 11%. No caso de entidade beneficente de assistência social isenta da contribuição patronal, a alíquota descontada do autônomo será de 20% sobre a remuneração paga, devida ou creditada.

A empresa terá que arcar com o ônus de 20% a título de contribuição previdenciária patronal sobre a remuneração paga, devida ou creditada ao autônomo. Fica a cargo da empresa efetuar todos os procedimentos burocráticos, mensais e periódicos, no INSS, informando todos os dados e valores envolvidos.

Se prestar serviços para pessoa física

Quando o autônomo prestar serviço para outra pessoa física, ele deverá efetuar o recolhimento para a Previdência Social na alíquota de 20% sobre os valores recebidos no mês, de acordo com o prazo legal vigente, no mês subsequente, ou seja, deverá se autotributar ao INSS.

2.1.1.3 Perante o município

Em primeiro lugar, deverá ser observada a legislação vigente no município onde será efetuada a prestação dos serviços quanto ao alvará de funcionamento pelo uso do solo público. Mesmo que seja pessoa física, estará sujeito praticamente às mesmas exigências das pessoas jurídicas com relação às licenças obrigatórias, pois a prefeitura, de acordo com a atividade a ser explorada, poderá exigir outros tipos de alvarás e vistorias, como do Corpo de Bombeiros e da Vigilância Sanitária.

No caso de prestadores de serviços que não necessitem de escritórios ou consultórios, essa exigência pode ser atenuada, mas é recomendado que o autônomo se atenha a esses detalhes antes mesmo de iniciar a atividade pretendida, uma vez que o descumprimento dessas normas irá impossibilitar o exercício da atividade.

O recolhimento do Imposto sobre Serviços de Qualquer Natureza (ISS ou ISSQN) será mediante o cadastro como prestador de serviços no município, e ele mesmo emitirá a guia para recolhimento do imposto, que estará disponível em "Documentos de Arrecadação" no portal da respectiva prefeitura. Esse cálculo varia de acordo com o município e a atividade a ser explorada, pois o valor será anual e fixo, independentemente do faturamento obtido. Por isso, é necessário que o autônomo faça um comparativo entre o valor anual recolhido e o valor anual de sua receita, para saber se o valor a ser recolhido, se comparado com as demais opções existentes de prestação de serviços, vale a pena. Veremos outras opções de prestação de serviços mais adiante.

Caso o rendimento do autônomo cesse por qualquer motivo, ele deverá analisar se é viável efetuar a baixa da sua inscrição na prefeitura do seu município, evitando ter que pagar o ISS anual sem ter prestado nenhum serviço no período. Se não houver baixa da inscrição perante a prefeitura, o pagamento do ISS será obrigatório.

2.1.2 Contratação de funcionário

Não há impedimento legal para que o autônomo contrate funcionários, mas apenas para funções auxiliares à atividade econômica praticada, sempre rigorosamente dentro do que determina a Consolidação das Leis Trabalhistas (CLT), passando também a ter que cumprir com as obrigações principais e acessórias legais vigentes em relação ao INSS, ao Fundo de Garantia do Tempo de Serviço (FGTS) e outros.

Importante

A condição de prestador de serviços sem vínculo empregatício, como autônomo, embora seja uma opção legal, tem-se tornado cada vez menos viável devido ao alto custo e ao risco de vínculo trabalhista para as empresas contratantes (pessoas jurídicas). Mesmo assim, não deixe de analisar essa opção, pois existem casos em que ela é viável.

Voltando ao caso para análise – Partindo para abrir a própria empresa

Nada mais importante do que obter conhecimento sobre assuntos que interferem diretamente em nossos objetivos profissionais. Roberto, o principal personagem deste caso, passou a ter uma visão mais esclarecedora sobre o que está envolvido em ser um empresário e se sente mais seguro para colocar seus pensamentos em prática. Embora tenha entendido que abrir uma empresa implica riscos e obrigações fiscais e tributárias, e que o planejamento antecipado é necessário em todos os casos, ele se sente muito motivado a prosseguir com seus objetivos.

O problema é que seu conhecimento sobre a forma como deve abrir o seu restaurante ainda é muito limitado, e cada pessoa para quem ele tenta explicar o que pretende fazer o deixa um pouco mais confuso sobre determinados termos e procedimentos que deve adotar. Nos últimos dias, passou a ouvir com mais frequência termos como "pessoa física", "pessoa jurídica" e "autônomo", o que lhe tem trazido muito interesse. Ele decidiu abrir seu restaurante como pessoa física, na figura de um autônomo. Isso seria possível?

Sua opinião como consultor

Roberto necessita de suas orientações sobre estas questões:

a) Roberto pode abrir seu restaurante como pessoa física, sendo um autônomo? Explique detalhadamente sua resposta.

b) Explique a Roberto o que é uma pessoa jurídica.

3

Como definir o modelo de empresa a ser aberta

▶ Assista ao **vídeo**

Objetivos de aprendizagem

Ao final deste capítulo, o leitor deverá estar preparado para:
- saber o que é necessário para ser um empresário;
- conhecer as diferentes modalidades de empresas e suas exigências legais.

Considerando que a melhor hipótese é abrir uma empresa, vamos ver, neste capítulo, quais modelos de empresas são os mais praticados e quais são suas particularidades, para que você possa definir o modelo que melhor que se enquadra na atividade empresarial pretendida. Antes, é importante responder a duas questões:

- O que é um empresário?
- Quem pode ser empresário no Brasil?

Vejamos a seguir o que diz o Novo Código Civil Brasileiro (Lei 10.406/2002): empresário é "quem exerce profissionalmente atividade econômica organizada para a produção ou a circulação de bens ou de serviços".

Para poder ser empresário, é obrigatório atender a algumas condições:

- ter idade igual ou superior a 18 anos, que é a maioridade atual no Brasil;
- ter idade igual ou superior a 16 anos e inferior a 18 anos, para o caso de se buscar a emancipação para esse fim. Os menores de 16 anos podem até ser proprietários de participações societárias de empresas, mas obrigatoriamente terão que ser representados por um maior de 18 anos, que tomará todas as decisões por ele e também arcará com todas as responsabilidades;
- ser brasileiro ou ter visto permanente no país. Estrangeiro sem visto permanente no país terá que ser obrigatoriamente representado por alguém que atenda a essa condição.

E não estar enquadrado em uma das condições abaixo:

As pessoas que sejam, para a prática dos atos da vida civil:

- absolutamente incapazes (exceto quando autorizadas judicialmente para continuação da empresa):
  - os menores de 16 anos.
- relativamente incapazes (exceto quando autorizadas judicialmente para continuação da empresa):
  - os maiores de 16 e menores de 18 anos;
  - os ébrios habituais e os viciados em tóxico;
  - aqueles que, por causa transitória ou permanente, não puderem exprimir sua vontade;
  - os pródigos.

Observação: a capacidade dos indígenas será regulada por lei especial.

Não havendo impedimento, conforme mencionado, do empreendedor de se tornar um empresário, ele deverá classificar sua empresa de acordo com a atividade pretendida:

- Indústria: é a atividade empresarial que efetua a transformação de insumos (matéria-prima, mão de obra, materiais auxiliares etc.) em um determinado produto.
- Comércio: atividade na qual se efetuam a compra e a venda de uma mercadoria, não havendo nenhuma forma de transformação.

- Serviços: atividade que efetua o exercício de uma atividade manual ou intelectual.

Após a classificação das atividades a serem praticadas, deve-se observar as opções de empresas para ver qual melhor se enquadra ao empreendimento pretendido. Os modelos de empresas hoje existentes são regulados pelas Leis 6.404/1976 (Lei das Sociedades Anônimas) e 10.406/2002 (Novo Código Civil). Neste livro, vamos apresentar as modalidades mais utilizadas, que representam mais de 90% das empresas abertas no país.

3.1 MICROEMPREENDEDOR INDIVIDUAL (MEI)

A criação da figura do Microempreendedor Individual (MEI) foi estabelecida pela Lei Complementar 123/2006.

O MEI é o empresário individual, sem sócios, optante pelo Simples Nacional e com receita bruta anual de até R$ 81.000,00, ou R$ 6.750,00 por mês do ano (valores de referência para o ano de 2018).

> **Fique atento**
>
> Verifique no Portal do Empreendedor os valores atuais de limite de receita bruta para o MEI.
>
> www.portaldoempreendedor.gov.br

Os MEI são unidades produtivas autônomas, trabalhando individualmente ou com auxílio de até um funcionário ganhando um salário mínimo ou um salário piso da respectiva categoria.

Quem optar por ser MEI fará o recolhimento dos impostos e das contribuições em valores fixos mensais, independentemente da receita bruta mensal. Ao recolher esses valores, ele terá direito a aposentadoria por idade, licença-maternidade e auxílio-doença. Além disso, não é obrigado a contratar um contador ou manter a contabilidade formal.

3.1.1 Tributação

O MEI é obrigado a contribuir para o INSS/Previdência Social nas seguintes alíquotas:

- 5% sobre o valor do salário mínimo, mais R$ 1,00 de ICMS para o Estado (no caso de atividades de indústria, comércio e transportes de carga interestadual); e/ou
- R$ 5,00 de ISS para o município (atividades de prestação de serviços e transportes municipal).

Para se ter uma ideia de como é reduzido o valor de tributação para a contribuição do MEI, podemos citar os valores referentes ao ano de 2018:

MEIs – Atividade	INSS	ICMS/ISS	Total
Comércio e Indústria – ICMS	R$ 47,70	R$ 1,00	R$ 48,70
Serviços – ISS	R$ 47,70	R$ 5,00	R$ 52,70
Comércio e Serviços – ICMS e ISS	R$ 47,70	R$ 6,00	R$ 53,70

O valor do salário mínimo utilizado como referência para esses valores foi de R$ 954,00 por mês, conforme Decreto 9.255, de 29 de dezembro de 2017. O vencimento dos impostos é até o dia 20 de cada mês.

3.1.2 Atividades permitidas

Para se inscrever como MEI, o trabalhador deve exercer atividades em uma das categorias previstas na tabela de atividades que se encontra no Portal do Empreendedor: www.portaldoempreendedor.gov.br.

3.1.3 Benefícios

Quem se inscreve como MEI tem os seguintes benefícios:

- cobertura previdenciária;
- contratação de um funcionário com menor custo;
- isenção de taxas para o registro da empresa;
- redução de burocracia;

- acesso a serviços bancários, inclusive crédito;
- redução da carga tributária;
- controles muito simplificados;
- emissão de alvará pela internet;
- maior facilidade para vender para o Governo;
- apoio técnico do Serviço Brasileiro de Apoio às Micro e Pequenas Empresas (Sebrae) na organização do negócio;
- possibilidade de crescimento como empreendedor.

Fique atento

O valor de limite de enquadramento de impostos e as taxas são passíveis de alteração. Por isso, recomenda-se que sempre seja efetuada consulta prévia no Portal do Empreendedor.

3.2 SOCIEDADE ANÔNIMA

As sociedades anônimas, amparadas pela Lei 6.404/1976, são sociedades empresariais que obrigatoriamente devem ser de duas ou mais pessoas, com capital dividido em ações, uma espécie de valor mobiliário no qual os sócios respondem pelas obrigações sociais até o limite do preço de emissão das ações que possuem.

Na prática, isso significa que, a partir da constituição de uma sociedade anônima, o capital social é dividido em frações, com a participação de qualquer pessoa da sociedade que contribui para a formação do capital da empresa. As pessoas participantes de uma sociedade anônima são chamadas de acionistas.

As sociedades anônimas podem ser de dois tipos: capital aberto ou capital fechado, conforme os valores mobiliários de sua emissão estejam ou não admitidos à negociação em bolsa de valores.

As empresas limitadas (sociedades empresárias e sociedades simples) são essencialmente diferentes das sociedades anônimas: enquanto nas limitadas os seus proprietários constituem o capital para fins de exploração (trabalho), nas sociedades anônimas os proprietários constituem o capital para fins de investimento, não tendo a intenção de atuar na atividade final da empresa.

Outro ponto relevante que deve ser considerado para quem optar por abrir uma sociedade anônima é o maior custo burocrático e de manutenção devido à complexidade de seus procedimentos, uma vez que as sociedades anônimas possuem exigências específicas, reguladas pela Lei 6.404/1976, como a escrituração de atas e livros revestidos das mesmas formalidades legais, tais como:

I – o livro de Registro de Ações Nominativas, para inscrição, anotação ou averbação:
   a) do nome do acionista e do número das suas ações;
   b) das entradas ou prestações de capital realizado;
   c) das conversões de ações, de uma em outra espécie ou classe;
   d) do resgate, reembolso e amortização das ações, ou de sua aquisição pela companhia;
   e) das mutações operadas pela alienação ou transferência de ações;
   f) do penhor, usufruto, fideicomisso, da alienação fiduciária em garantia ou de qualquer ônus que grave as ações ou obste sua negociação;

II – o livro de Transferência de Ações Nominativas, para lançamento dos termos de transferência, que deverão ser assinados pelo cedente e pelo cessionário ou seus legítimos representantes:

III – o livro de Registro de Partes Beneficiárias Nominativas e o de Transferência de Partes Beneficiárias Nominativas, se tiverem sido emitidos, observando-se, em ambos, no que couber, o disposto nos números I e II deste artigo;

IV – o livro de Atas das Assembleias Gerais;

V – o livro de Presença dos Acionistas;

VI – os livros de Atas das Reuniões do Conselho de Administração, se houver, e de Atas das Reuniões de Diretoria;

VII – o livro de Atas e Pareceres do Conselho Fiscal.

Nas companhias abertas, os livros referidos nos incisos I a III poderão ser substituídos, observadas as normas expedidas pela Comissão de Valores Mobiliários (CVM), por registros mecanizados ou eletrônicos.

Os instrumentos de escrituração podem ser:

- livros encadernados;
- conjunto de fichas ou folhas soltas;
- conjunto de folhas contínuas;
- microfichas geradas através de microfilmagem de saída direta do computador (COM).

Devido a essas especificidades, as sociedades anônimas não têm sido um modelo muito utilizado, tanto pelas empresas internacionais que vieram para o Brasil como pelas empresas constituídas de capital nacional.

Para quem deseje abrir uma sociedade anônima, é recomendado buscar a assessoria de profissionais com experiência nesse segmento, nesse caso, o contador e o advogado, fazendo um planejamento minucioso de todos os aspectos legais e respectivos custos.

3.3 SOCIEDADE EMPRESÁRIA

As sociedades empresárias, amparadas pelo Novo Código Civil (Lei 10.406/2002), são aquelas que exercem profissionalmente atividade econômica organizada para circulação de bens ou serviços, estando sujeitas ao registro do seu ato constitutivo na Junta Comercial do Estado.

É importante esclarecer que as sociedades empresárias possuem características próprias, pois configuram modelos de empresas que visam à exploração do objeto principal da empresa não apenas pelos seus proprietários, mas sim pela utilização da mão de obra de terceiros. Como exemplo, pode ser citado o exercício da atividade médica por meio de uma empresa enquadrada como sociedade empresária, na qual está implícito que o exercício da atividade das consultas médicas poderia ser efetuado por outros médicos contratados, e não apenas pelos médicos que constituem o quadro societário da empresa.

Quando a lei dispõe que sociedade empresária é aquela que possui elementos de empresa, não está se referindo à empresa formalmente aberta, mas sim à exploração da atividade principal da empresa por terceiros. É isso que a diferencia do modelo de empresa no qual o exercício da atividade é executado única e exclusivamente pelos seus sócios, independentemente ou não de ter funcionários para as atividades auxiliares (na recepção, na limpeza etc.). A sociedade empresária traz a característica de ser um modelo de empresa com maior estrutura física por possuir, na maioria dos casos, a necessidade de mais espaço físico e instalações maiores.

3.3.1 Constituição da sociedade empresária

As sociedades empresárias representam uma parcela significativa das sociedades no Brasil e podem ser constituídas entre:

- pessoa física e pessoa física;
- pessoa física e pessoa jurídica;
- pessoa jurídica e pessoa jurídica.

No caso de um dos sócios ser pessoa jurídica estrangeira, a representação e a responsabilidade por todas as obrigações contraídas pela sociedade serão de um procurador residente no Brasil, que pode ser brasileiro ou estrangeiro portador de visto permanente. Esse procurador deverá estar habilitado pela pessoa jurídica estrangeira, por meio de uma procuração formal, a representar todos os seus negócios no Brasil.

No caso de um dos sócios da empresa vir a ser uma pessoa física estrangeira, pode haver dois diferentes cenários:

- Se a pessoa física estrangeira for residente no Brasil e possuir um visto permanente, poderá figurar como sócia, sem nenhum tipo de restrição, e inclusive administrar a empresa.
- Se a pessoa física estrangeira não possuir residência no Brasil, poderá até figurar como sócia, mas deverá ser representada por um procurador brasileiro ou estrangeiro portador de visto permanente, conforme mencionado.

Uma vez definido o tipo de sociedade aplicável (no caso, a sociedade empresária limitada), é necessário que seja efetuada a opção por uma das formas de constituição a seguir:

1. **Sociedade**: com dois ou mais sócios (pessoa física ou pessoa jurídica).
2. **Individual**: apenas o titular. Neste caso, não existe a figura do sócio por ser empresa de uma única pessoa, que só poderá ser pessoa física. Embora o modelo societário, de acordo com a Lei 10.406/2002, seja sociedade empresária, seu formato na hora da abertura será como firma individual, podendo operar normalmente como qualquer outra empresa, tendo como único diferencial o fato de não existir a figura do sócio.

Uma vez que os sócios tenham integralizado (entrega efetiva em bens ou em dinheiro do valor do capital social) suas quotas de capital, de acordo com a Lei de Falências e Recuperação Judicial, em caso de ser decretada a falência da empresa, essa responsabilidade terá como limite o montante do capital social, protegendo o patrimônio pessoal dos sócios (pelo Novo Código Civil, todos os sócios respondem solidariamente pela integralização do capital). Na firma individual, isso não ocorre, fazendo com que os bens da pessoa física (titular) se fundam e se confundam com os bens da empresa. Assim, em caso de falência, o proprietário irá responder com os bens da empresa em conjunto com os seus bens particulares; dessa forma, a opção pela firma individual acaba restrita a pequenos empresários que não possuam bens significativos.

É importante ressaltar que a sociedade é, em sua essência, o convívio entre duas ou mais pessoas visando interesses comuns, que, nesse caso, são a exploração do objeto social da empresa (a atividade a ser explorada) por meio do capital investido. No entanto, há determinados fatores que requerem maturidade dos sócios e a existência de regras bem definidas para os direitos e deveres de cada um quanto a:

- participação de cada um em todas as atividades a serem executadas na empresa (trabalho);
- parte financeira necessária para o sustento deles (retirada mensal e distribuição dos lucros), principalmente quando a empresa não tiver lucro ou não tiver dinheiro em caixa para ser entregue aos sócios;
- participação da família dentro da empresa;
- horários;

- férias;
- tomada de decisões e como proceder quando houver divergências de opiniões.

Se no casamento, que é uma instituição fundamentada no amor, já é difícil ter sucesso, para a entidade empresarial, fundamentada no capital, é mais difícil ainda. Por isso é importante que, antes de constituir uma sociedade, o empreendedor reflita muito e, quando for feita essa opção, que seja revestida do máximo possível de clareza em suas regras.

Por causa da fragilidade da firma individual e devido ao fato de muitas pessoas buscarem a proteção dos seus bens constituindo uma sociedade limitada, mas não desejando ter um sócio de fato, criou-se a figura do sócio de direito, ou seja, aquele que apenas figura no contrato social como sócio, muitas vezes com apenas 1% do capital social e sem direito à administração da sociedade.

Para cumprir esse papel, recorria-se sempre a alguém mais próximo, um amigo, cônjuge ou parente, o que acabava criando um grave problema para a maioria desses casos: na hora de transferir essas empresas, pela venda ou pelo fechamento delas, devido a diversos fatores quanto a esses sócios fictícios (divórcio, falecimento, brigas, não localização etc.), esse tipo de ocorrência passou a gerar uma quantidade de empresas abertas nas Juntas Comerciais dos Estados, mas que de fato já não existiam mais. Isso gerava também um grave problema para seus sócios e para os órgãos governamentais que atuam nas empresas.

Para corrigir esse problema, com a aprovação da Lei 12.441/2011, de 11 de julho de 2011, que entrou em vigor a partir de janeiro de 2012, criou-se a figura da Empresa Individual de Responsabilidade Limitada (EIRELI), passando a ser uma terceira opção dentro das sociedades empresárias abertas pela Junta Comercial.

Na EIRELI, embora em sua forma continue sendo constituída por uma única pessoa física como firma individual, há a grande vantagem de ser de responsabilidade limitada. Assim, a responsabilidade do proprietário se restringe ao capital da empresa, passando a dar proteção aos seus bens pessoais. Para a constituição desse tipo de empresa, tem-se a necessidade do cumprimento de algumas particularidades.

Vejamos alguns pontos principais da Lei 12.441/2011, para melhor entendimento:

- A EIRELI será constituída por uma única pessoa titular da totalidade do capital social, devidamente integralizado, que não será inferior a 100 (cem) vezes o maior salário mínimo vigente no País, ou seja, para esse tipo de empresa há a necessidade de se comprovar a integralização (entrega do dinheiro) desse montante, sendo o principal fator de diferenciação do outro modelo de firma individual, em que não existe obrigatoriedade de valor de capital mínimo.
- O nome empresarial deverá ser formado pela inclusão da expressão "EIRELI" após a firma ou a denominação social da empresa individual de responsabilidade limitada.
- A pessoa natural que constituir empresa individual de responsabilidade limitada somente poderá figurar em uma única empresa dessa modalidade, ou seja, cada pessoa física só poderá constituir uma EIRELI.
- A EIRELI também poderá resultar da concentração das quotas de outra modalidade societária num único sócio, independentemente das razões que motivaram tal concentração; com isso, a lei trouxe a possibilidade das empresas que eram sociedades (reais ou fictícias) de concentrar as cotas do capital social em um único proprietário e poder fazer a transformação da forma societária de sociedade para EIRELI.
- Poderá ser atribuída à EIRELI constituída para a prestação de serviços de qualquer natureza a remuneração decorrente da cessão de direitos patrimoniais de autor ou de imagem, nome, marca ou voz de que seja detentor o titular da pessoa jurídica, vinculados à atividade profissional.
- Aplicam-se à EIRELI, no que couber, as regras previstas para as sociedades limitadas.

Importante

Uma dúvida de muitos empreendedores é: "Posso optar por um modelo de empresa e, depois, transformá-la em outro modelo?". Sim! Nesse sentido, nossa legislação societária é bem flexível, sendo possível efetuar a transformação de um modelo societário para outro, desde que se obedeça às formalidades legais. Isso permite que o empreendedor configure um modelo de empresa e, de acordo com a evolução dos negócios, efetue a transformação para outro modelo que melhor atenda à necessidade desse novo momento.

Para simplificar, pode-se dar como exemplo uma oficina mecânica de carros importados que, inicialmente, opta pelo modelo de empresa individual comum, pelo fato de o proprietário não possuir patrimônio pessoal significativo. À medida que seu empreendimento prospera e ele passa a adquirir mais patrimônio pessoal, ele transforma sua firma individual em uma EIRELI para dar maior proteção ao seus bens pessoais e também dar a configuração de empresa de maior porte perante o mercado. Se a empresa cresce e chega a um momento em que surgem interessados em participar desse empreendimento e investir capital nele, é possível transformar sua empresa em uma sociedade limitada para receber esses novos sócios, podendo futuramente até transformá-la em uma sociedade anônima e buscar investidores, abrindo seu capital na bolsa de valores.

Resumindo, se o tipo de empresa a ser aberta se enquadrar na modalidade de sociedade empresária, o empreendedor deverá tomar a decisão de ter ou não ter a figura do sócio. Se optar por ter o sócio, a única opção será a sociedade limitada; se optar por não ter o sócio, ele terá duas opções: a firma individual, sem exigência de capital social mínimo, mas sem ser limitada, ou a EIRELI, que requer o capital social mínimo de 100 salários mínimos, mas com a vantagem de proteger seu patrimônio pessoal pelo fato de ser limitada.

3.4 SOCIEDADE SIMPLES

As sociedades simples, amparadas pelo Novo Código Civil Brasileiro (Lei 10.406/2002), são aquelas que:

- são constituídas por "pessoas" que, reciprocamente, obrigam-se a contribuir com bens ou serviços, para o exercício de atividade econômica e a partilha entre si dos resultados;

- não têm por objeto o exercício de atividades próprias de empresário;
- em sua maioria, são formadas por pessoas que exercem profissão intelectual, de natureza científica, literária ou artística, mesmo se contar com auxiliares ou colaboradores (salvo se constituir elementos de empresa);
- têm o seu registro pelo Cartório de Registro Civil de Pessoas Jurídicas;
- quanto à atividade: somente serviços.

Podemos observar que as sociedades simples são empresas unicamente prestadoras de serviços, ou seja, elas não podem efetuar nenhum tipo de atividade de comércio. Se considerarmos o mesmo exemplo utilizado nas sociedades empresárias, nesse caso, se o serviço a ser explorado fosse a atividade médica, as consultas só poderiam ser efetuadas pelos médicos que compõem o quadro societário da empresa, podendo ou não contar com a ajuda de auxiliares (secretárias, recepcionistas, auxiliares, faxineiras etc.). Com isso, a sociedade simples é o modelo de empresa que necessita de uma menor estrutura e instalações.

Embora a legislação determine que a única opção existente para abertura de uma sociedade simples seja a sociedade limitada, não existindo a figura da firma individual para esse modelo societário, a partir de janeiro de 2012, com a aprovação da Lei 12.441/2011, criou-se também a possibilidade de abrir a Empresa Individual de Responsabilidade Limitada (EIRELI), passando a existir duas opções de abertura das sociedades simples:

- como sociedade limitada;
- como EIRELI (neste caso, constituída por uma única pessoa física), seguindo as mesmas formalidades de abertura da EIRELI já citadas, tendo como único diferencial o fato de que o seu registro se dará no Cartório de Registro das Pessoas Jurídicas.

Voltando ao caso para análise – Partindo para abrir a própria empresa

Quando se planeja a abertura de uma empresa, cada etapa e cada detalhe merecem toda atenção e seriedade por parte do empreendedor que deseja alcançar o sucesso. O conhecimento sobre as questões relacionadas à parte societária e às obrigações tributárias e fiscais, ligadas ao segmento que se pretende explorar, somado a uma boa assessoria de um profissional da área contábil, devem servir como alicerce para a tomada de todas as decisões.

Não tem como ser diferente, pois tudo está regulamentado e muito bem monitorado pelos órgãos municipais, estaduais e federais e não há mais espaço para qualquer tentativa de informalidade. Isso tem deixado Roberto extremamente preocupado, pois nunca lidou com esses assuntos de natureza mais complexa. O que ele entende muito bem é de cozinhar, mas seus conhecimentos sobre como abrir uma empresa ainda são limitados. Até esse momento, a ajuda que lhe tem prestado tem sido de grande importância e, graças aos bons conselhos dados por você, Roberto chegou até aqui ainda bastante motivado!

Algumas dúvidas ainda atormentam os pensamentos de Roberto e, mais uma vez, ele necessita de sua ajuda. Esclareça, de forma bem detalhada, algumas de suas dúvidas.

Sua opinião como consultor

Roberto necessita de orientações sobre a abertura de sua empresa. Ajude-o a tomar as decisões certas nesse importante momento de seu projeto:

a) Roberto está prestes a se tornar um empresário, mas ele ainda não sabe exatamente quais são os requisitos legais para que isso possa acontecer. Esclareça essa questão mostrando todos os quesitos necessários para a concretização de seus planos.

b) Sabendo que Roberto pretende faturar mensalmente R$ 150.000,00 nos dois primeiros anos e dobrar esse faturamento no terceiro ano, assim como contratar 10 funcionários para as funções de cozinha, auxiliares gerais e administração, dê a sua opinião de qual seria o melhor enquadramento societário para ele abrir a empresa e explique o porquê.

4

Passo a passo para a abertura da empresa

Assista ao **vídeo**

Objetivos de aprendizagem

Ao final deste capítulo, o leitor deverá estar preparado para:
- conhecer as ações iniciais para abertura de uma empresa;
- entender a importância do capital inicial;
- planejar os principais aspectos fiscais e tributários para o novo negócio;
- conhecer os caminhos para oficializar a nova empresa (registro).

Embora a abertura de uma empresa seja efetuada pelo escritório contábil com a assessoria de um advogado, é importante que o empreendedor entenda quais são as etapas básicas da abertura de uma empresa, possibilitando entender quais registros deverão existir e a quais órgãos governamentais sua empresa estará sujeita. Por melhor que seja a assessoria para abertura de uma empresa, é recomendável que o empreendedor tenha esse conhecimento, pois ele será considerado administrador e o responsável jurídico pela empresa constituída. Ou seja, além de atuar no exercício da atividade-fim da empresa, ele também deverá ter tempo suficiente para entender esses detalhes que serão de sua responsabilidade, uma vez que, se isso não ocorrer com eficiência, o sucesso do empreendimento poderá estar comprometido e seus administradores estarão sujeitos a perdas econômicas e penalizações legais, por isso é importante a participação deles no momento do nascimento da empresa.

4.1 PRIMEIRAS DEFINIÇÕES

Antes de ver em quais órgãos a empresa será registrada, é importante definir alguns aspectos básicos para a empresa.

4.1.1 Nome da empresa

O nome empresarial também pode ser chamado de razão social, quando se trata de nomes pessoais dos sócios, tais como os sobrenomes (exemplo: Gomes e Ramos Comércio de Roupas Ltda.), ou de denominação social, quando se refere a nomes não pessoais (exemplo: Águia Dourada Segurança Empresarial Ltda.).

Com relação ao nome da empresa a ser aberta, é necessário verificar, por meio de consulta na Junta Comercial para as Sociedades Empresárias ou no Cartório de Registro das Pessoas Jurídicas para as Sociedades Simples, a existência de similaridade com outras empresas já existentes, o que pode ser um fator impeditivo de se efetuar a abertura nesses órgãos. Se considerarmos que a busca efetuada na Junta Comercial se restringe unicamente ao seu estado e a busca no Cartório de Registro das Pessoas Jurídicas se restringe apenas ao cartório, nada impede que, depois de aberta a empresa, o nome utilizado já esteja registrado por outra empresa e o empreendedor venha a ter problemas.

Para maior segurança na hora de determinar o nome da empresa, além das consultas formais na Junta Comercial e no Cartório, é recomendado que o empreendedor consulte também o Instituto Nacional da Propriedade Industrial (INPI) para verificar a existência do nome pretendido, assim como que registre o nome pretendido nesse instituto. Com isso, ele será o detentor legal do nome pretendido, não podendo ser utilizado por nenhuma outra empresa no território nacional.

Fique por dentro

O Instituto Nacional da Propriedade Industrial (INPI) é um órgão do governo brasileiro que tem como finalidade a responsabilidade de zelar e responder pelas normas que regulam a propriedade intelectual e industrial, tais como marcas e patentes, desenhos industriais, assinaturas, convenções e tratados, tendo também como responsabilidade a fiscalização das questões ligadas a marcas, patentes, desenhos industriais, ideias inéditas, entre outras vertentes de propriedade intelectual.

Para que o empreendedor possa tratar de assuntos nesse órgão, é recomendado que ele procure um escritório especializado nesse tipo de atendimento, uma vez que será necessário tal assessoramento para efetuar a consulta do nome pretendido, para o registro e o acompanhamento do registro efetuado.

4.1.2 Endereço da empresa

O endereço onde a empresa será aberta e irá funcionar tem sido um fator que muitas vezes impede que a empresa seja aberta ou até mesmo que, depois de aberta, possa iniciar seu funcionamento, pois para fazer a abertura já é necessário que antecipadamente o empreendedor tenha a definição desse item. O imóvel poderá ser próprio ou alugado, e, independentemente da atividade pretendida, sempre poderá haver a necessidade de a empresa ter que fazer adequações nele. Pode ser necessário adequá-lo para ter condições de operar, necessitando de investimento, o que se traduz em custo e tempo.

Se, após tudo isso já ter sido feito, no ato de abertura da empresa o imóvel não for aceito por quaisquer dos órgãos legais, por falta de documentação hábil, ou porque a atividade não pode ser executada naquele endereço, ou por não ter recebido alvarás ou licenças específicas e obrigatórias devido ao imóvel não atender às especificações necessárias, o dinheiro e o tempo investidos poderão ser perdidos. Por isso, é importante que, no momento em que o empreendedor estiver elaborando o plano de negócios, ele dê significativa relevância a esse item, efetuando todas as consultas e obtendo as informações necessárias para que o imóvel escolhido atenda a todas as exigências legais para a abertura da empresa, não se esquecendo também de registrar os respectivos custos no plano de negócios.

> **Fique atento**
>
> Um imóvel pode não ser aceito por órgãos legais para a atividade pretendida por várias razões:
> - Não tem documentação hábil:
>   - o contrato de locação está irregular;
>   - a planta do imóvel não foi aprovada pela prefeitura etc.
> - A atividade não pode ser executada naquele endereço:
>   - a lei de zoneamento não permite;
>   - a atividade é incompatível com a localização por estar próxima de escolas ou de outro estabelecimento similar;
>   - a atividade é considerada perigosa ou necessita de descarte de resíduos nocivos etc.
>
> Os órgãos responsáveis não concederam alvarás ou licenças porque o imóvel não atende às especificações necessárias:
> - indústrias;
> - empresas da área da saúde;
> - empresas da área de alimentos etc.
>
> Por isso é importante que o empreendedor verifique se o imóvel escolhido atende a todas as exigências legais para que a empresa seja aberta e possa operar.

4.1.3 Capital social

O capital social representa o investimento efetuado pelos proprietários da empresa na exploração de determinado objeto social, visando ter retorno econômico positivo, ou seja, o lucro. Saindo da ótica conceitual, o capital social que irá constar no instrumento societário de abertura da empresa (ex.: no contrato social) deverá ser coerente no mínimo para satisfazer as necessidades econômicas do empreendimento até que ele venha a se sustentar da sua atividade econômica; se isso não ocorrer e o capital ficar abaixo do necessário, haverá a necessidade de contrair empréstimos com os sócios ou terceiros e iniciar a vida da empresa já com endividamento, o que não é recomendável e até mesmo prejudicial para o sucesso de qualquer negócio.

Outro item relevante é que o percentual de participação de cada sócio no capital social (quando for sociedade) seja compatível com o seu investimento, evitando a utilização de capital fictício ou de percentuais de participações societárias incompatíveis com a realidade, lembrando que é possível estabelecer no contrato social que, embora determinado sócio tenha um percentual de participação no capital, a distribuição dos lucros poderá ser diferente, de acordo com o que for determinado em ata de reunião (ou assembleia) da sociedade.

Importante

Tenha especial atenção para as atividades ou formas societárias que necessitam de capital mínimo comprovado (como as EIRELI e as empresas de mão de obra de serviços temporários).

4.1.4 Registro

Vamos ver a seguir, no Quadro 4.1, os principais órgãos de registro de uma empresa.

Quadro 4.1 Principais órgãos de registro para as sociedades empresária e simples

	SOCIEDADE EMPRESÁRIA	SOCIEDADE SIMPLES
Registro do ato constitutivo com o nascimento da pessoa jurídica.	Registro na junta comercial do estado, onde será obtido o Número de Inscrição e Registro no Estado (NIRE).	Registro no Cartório de Registro das Pessoas Jurídicas, onde haverá o número de Registro do Cartório.

	SOCIEDADE EMPRESÁRIA	SOCIEDADE SIMPLES
Receita Federal do Brasil para obtenção do Cadastro Nacional da Pessoa Jurídica (CNPJ).	Para as empresas abertas pela Junta comercial, o processo de obtenção do CNPJ já é simultâneo ao Registro da Junta Comercial, por meio do Cadastro Sincronizado.	Para as aberturas efetuadas pelo Cartório, para aqueles que não possuem o Cadastro sincronizado, deverá ser efetuado processo e protocolado na Receita Federal do Brasil para obtenção do CNPJ.
Na Secretaria da Fazenda e Negócios do Estado, para as empresas comerciais e de Serviços sujeitas ao ICMS, para a obtenção da Inscrição Estadual ou do NIRE Prefeitura Municipal, para obtenção do Cadastro de Contribuintes Mobiliários (CCM), ou para alguns Municípios que não utilizam essa nomenclatura, apenas Inscrição Municipal (IM).	Para empresas abertas pela Junta Comercial, o processo de obtenção da Inscrição Estadual já é simultâneo ao Registro da Junta Comercial e na Receita Federal do Brasil, por meio do Cadastro Sincronizado. Após o Registro na Junta comercial e a obtenção do CNPJ, deverá ser efetuado processo e protocolado na Prefeitura Municipal.	As sociedades simples não podem exercer atividade comercial, por isso não terão que obter a Inscrição Estadual. Após o Registro no Cartório das Pessoas Jurídicas e a obtenção do CNPJ, deverá ser efetuado processo e protocolado na Prefeitura Municipal.
	Os alvarás e as licenças serão solicitados de acordo com os respectivos órgãos fiscalizadores em conformidade com cada segmento.	

	SOCIEDADE EMPRESÁRIA	SOCIEDADE SIMPLES
Alvarás e licenças	Ex.: o alvará de funcionamento (com Vigilância Sanitária e Corpo de Bombeiros) é solicitado pela Prefeitura Municipal. Já para os casos das indústrias, há a necessidade da obtenção de alvará no respectivo órgão de fiscalização ambiental (no caso de São Paulo, por exemplo, é a CETESB), que é obrigatório para obter o Registro na Prefeitura Municipal, como também para a obtenção da Inscrição Estadual. É recomendável que os alvarás sejam tratados à parte e com planejamento prévio para evitar surpresas na hora da abertura da empresa. É importante ressaltar que os alvarás citados são exemplos, pois existem outros que poderão ser solicitados de acordo com a atividade da empresa.	

No ato da abertura, será solicitada pelos órgãos, além do preenchimento de formulários digitais ou em papel, a entrega de diversos documentos adicionais (como os documentos pessoais dos sócios, o comprovante de endereço etc.), sendo recomendado que a abertura seja efetuada por profissionais (da contabilidade e advogados) habituados e com experiência nesse tipo de serviço, possibilitando mais rapidez e eficiência.

Apesar de o Brasil estar entre os países de maior complexidade burocrática do mundo, fator que impede a agilização de determinados órgãos governamentais, o prazo para abertura de uma empresa vem passando por uma significativa evolução tecnológica e de melhoria dos procedimentos internos de diversos órgãos, tendo como resultado uma crescente redução no tempo de abertura das empresas e de obtenção dos alvarás e licenças obrigatórias. É recomendável um bom planejamento para determinar a data de início das operações de uma empresa que ainda será aberta, devendo ser levado em consideração todo estudo efetuado previamente quanto ao cronograma de abertura legal, evitando que ocorram perdas desnecessárias pela impossibilidade legal de se abrir as portas da empresa e começar, mas já tendo que arcar com custos fixos já contraídos (aluguel, água, luz, funcionários etc.).

4.2 PRINCIPAIS ASPECTOS FISCAIS E TRIBUTÁRIOS

É recomendável que se dedique aos aspectos fiscais e tributários de um empreendimento a mesma atenção e o mesmo tempo que foram despendidos na implantação da atividade principal da empresa. Se o empreendedor não for eficiente na execução do objeto principal da empresa, que se resume na venda dos bens e/ou serviços pretendidos, ele não terá lucro suficiente para justificar todo investimento no capital social da empresa e também todo esforço e trabalho empreendidos no negócio. Da mesma maneira, se o planejamento e a gestão fiscal e tributária do negócio não forem eficientes, podem tornar o preço do produto ou serviço não competitivo, além de a empresa correr o risco de ficar presa em um enquadramento tributário inicial que, ao aumentar o faturamento além de certo limite, passará a absorver maiores custos tributários, inviabilizando o seu crescimento.

Assim, com a má gestão ou ineficiência da área fiscal e tributária, a empresa acaba não atendendo à legislação vigente no país, e essa desconformidade passa a gerar um passivo tributário (dívida com o fisco) que pode até comprometer a continuidade do funcionamento da empresa. Por isso não basta que o empreendedor busque somente uma boa assessoria contábil e jurídica (que é obrigatória), mas que ele também tenha uma noção significativa das legislações às quais a empresa dele estará sujeita, quanto aos enquadramentos, às alíquotas e às restrições legais, possibilitando que ele tenha maior capacidade de gestão e mitigação de eventuais riscos fiscais e tributários.

O Brasil é considerado um país de alta complexidade fiscal e tributária, da mesma maneira que é considerado o país de maior eficiência fiscalizatória e arrecadatória do mundo, graças à utilização da nota fiscal eletrônica e de recursos de informática superavançados como o T-Rex, um supercomputador que leva o nome do devastador Tiranossauro Rex, e o *software* Harpia, ave de rapina mais poderosa do país, que teria até a capacidade de aprender com o comportamento dos contribuintes para detectar irregularidades e atualmente já integra as secretarias estaduais da Fazenda, instituições financeiras, administradoras de cartões de crédito, cartórios e outros. Ou seja, o empresário deverá ter eficiência nessa área para garantir o sucesso do seu negócio. Os bons profissionais (contadores e advogados) que atuam nessa área e possuem grande experiência conseguem transitar nesse ambiente tributário de maneira a oferecer opções seguras (e legais) de redução de carga tributária ou de recuperação de créditos.

> **Fique atento**
>
> Não existem soluções milagrosas! Quando esse tipo de proposta ocorrer, é importante que o empresário busque entender de maneira mais aprofundada o assunto ou até solicite a opinião de outro profissional, para no final não descobrir que caiu em um "conto do vigário".

A seguir, vamos tratar dos principais tributos existentes. Devido à dinâmica das alterações desse assunto em nosso país, o que será apresentado servirá como um referencial, sendo necessário que, no momento da elaboração do plano de negócio, o empreendedor busque informações precisas quanto aos aspectos ficais e tributários do empreendimento pretendido.

4.3 EMPRESAS ENQUADRADAS NO SIMPLES NACIONAL

Em primeiro lugar, é importante ressaltar que perante o Simples Nacional as empresas são classificadas como Microempresa (ME) ou

Empresa de Pequeno Porte (EPP), não sendo um enquadramento societário (confusão comum entre os leigos), mas sim uma opção fiscal e tributária existente. Já vimos anteriormente quais são as opções de enquadramento societário existentes (sociedade anônima, sociedade empresária e sociedade simples), e, como o Simples Nacional é uma opção fiscal e tributária, o empreendedor, antes de efetuar a opção, deverá analisar os seguintes pontos:

- se a atividade pretendida pode se enquadrar no Simples Nacional;
- se é vantagem esse enquadramento para ela;
- quais são as restrições existentes; e
- o que fazer quando o faturamento ultrapassar o limite máximo e a empresa se desenquadrar.

Conforme a definição legal e disponível no portal da Fazenda Nacional, o Simples Nacional é um regime compartilhado de arrecadação, cobrança e fiscalização de tributos aplicável às MEs e EPPs previsto na Lei Complementar 123, de 14 de dezembro de 2006 (com posteriores alterações).

Abrange a participação de todos os entes federados (União, Estados, Distrito Federal e Municípios), o que permite a simplificação na arrecadação por permitir que em único recolhimento seja possível pagar os tributos federal (inclusive previdenciário), estadual e municipal.

É administrado por um Comitê Gestor composto por oito integrantes: quatro da Secretaria da Receita Federal do Brasil (RFB), dois dos Estados e do Distrito Federal e dois dos Municípios.

Para ingressar no Simples Nacional, é necessário cumprir as seguintes condições:

- enquadrar-se na definição de ME ou de EPP;
- cumprir os requisitos previstos na legislação; e
- formalizar a opção pelo Simples Nacional.

4.3.1 Principais características do regime do Simples Nacional

O Simples Nacional tem as seguintes características principais:

- é facultativo;
- é irretratável para todo o ano-calendário;
- abrange os seguintes tributos: IRPJ, CSLL, PIS/Pasep, COFINS, IPI, ICMS, ISS e a Contribuição para a Seguridade Social destinada à Previdência Social a cargo da pessoa jurídica (CPP);
- recolhimento dos tributos abrangidos mediante Documento Único de Arrecadação (DAS);
- disponibiliza às ME/EPP sistema eletrônico para a realização do cálculo do valor mensal devido, geração do DAS e, a partir de janeiro de 2012, para constituição do crédito tributário;
- apresenta declaração única e simplificada de informações socioeconômicas e fiscais;
- prazo para recolhimento do DAS até o dia 20 do mês subsequente àquele em que houver sido auferida a receita bruta;
- possibilita aos estados adotarem sublimites para EPP em função da respectiva participação no PIB. Os estabelecimentos localizados nesses estados cuja receita bruta total extrapolar o respectivo sublimite deverão recolher o ICMS e o ISS diretamente ao estado ou ao município.

O Simples Nacional é uma opção fiscal e tributária para empresas que possuam faturamento anual de até R$ 4.800.000,00. O limite de faturamento anual deverá ser o primeiro ponto de análise. Uma vez constatado que a projeção de faturamento da empresa ultrapassará esse limite, a opção pelo Simples Nacional deverá ser descartada. É importante alertar que desmembrar a atividade em mais de uma empresa para usufruir dos benefícios do Simples Nacional é considerado simulação para evasão fiscal, e a empresa poderá sofrer pesadas multas, além de os proprietários terem que responder por crime de sonegação fiscal, o que é grave e sujeita os sócios a detenção, por isso essa hipótese nunca deve ser aceita como opção.

Importante

Uma vez constatado que a empresa está dentro do limite de faturamento permitido, é necessário verificar se a atividade pretendida pode ou não se enquadrar no Simples Nacional.

> Para isso, é necessário efetuar consulta na legislação vigente e disponível no portal do Simples Nacional através do site da Receita Federal do Brasil (www.receita.fazenda.gov.br).

A tributação unificada pelo Simples Nacional é efetuada direto no site da Fazenda Nacional, no portal do Simples Nacional, no qual são digitadas as receitas obtidas no mês; de acordo com o enquadramento (indústria, comércio ou serviço), haverá uma tabela específica em que o sistema obterá o percentual de tributação do mês, observando que o sistema sempre irá acumular o faturamento dos últimos doze meses. Com o total deste, buscará em qual linha de percentual a empresa se enquadra na tabela específica, de acordo com a atividade da empresa, e aplicará o respectivo percentual sobre o faturamento do mês de referência com a disponibilização do Documento de Arrecadação do Simples (DAS) para recolhimento.

O enquadramento no Simples Nacional trouxe significativa redução de carga tributária (e de custo burocrático), principalmente para as empresas que têm funcionários, pois elas não terão que recolher a contribuição previdenciária patronal para o INSS, que incide sobre o total da folha de pagamento ou sobre o faturamento da empresa, já que essa contribuição patronal ao INSS já está inclusa nos tributos unificados da tabela do Simples Nacional. Ressalte-se que poderão existir situações específicas nas quais essa tributação será efetuada à parte do Simples Nacional, total ou proporcional.

Embora o enquadramento no Simples Nacional tenha demonstrado ser uma grande vantagem para as empresas com faturamento dentro do seu limite, pela redução do custo fiscal e tributário, ao mesmo tempo ele requer atenção devido às muitas variáveis e particularidades existentes nessa legislação que a tornam relativamente complexa (o que diverge do termo "Simples" utilizado em seu nome), pois a atividade de uma empresa pode ter alguns tributos unificados pelas tabelas do Simples Nacional e outros pagos normalmente como as demais empresas (ex.: INSS, ICMS, ISS). Nesse caso, será necessário, além de um bom assessoramento, que o empreendedor efetue a leitura detalhada dessa lei no que se refere aos pontos aplicáveis à sua empresa.

Outro ponto de extrema relevância é que muitas empresas fazem sua estrutura de custo com base na carga tributária do Simples Nacional, mas, quando a empresa cresce e ultrapassa o limite de faturamento máximo da sua tabela, ela se desenquadra do Simples Nacional, passando a pagar todos os tributos em separado e de acordo com a legislação fiscal de cada tributo. O fator mais significativo desse desenquadramento é que o preço final do seu bem ou serviço sofrerá o impacto da nova carga tributária, afetando o preço final de venda e consequentemente a sua lucratividade. Para ilustrar, atualmente, as empresas enquadradas no Simples Nacional somam mais de 6 milhões em todo território nacional, mas contribuem apenas com uma média de 5% de toda a arrecadação nacional. As empresas não enquadradas nesse regime terão que arcar com os 95% restantes da arrecadação, e a carga tributária, na maioria dos casos, para as empresas não enquadradas é muito maior, ou seja, o Simples Nacional pode ser uma grande vantagem, mas o empresário deverá estruturar e planejar o crescimento da sua empresa para a hipótese de estar ou não se beneficiando do enquadramento.

A contar de janeiro de 2018, o Simples Nacional passou a ter uma alteração significativa e positiva para as micro e pequenas empresas, uma vez que os limites e a sistemática de cálculo foram aumentados de R$ 3.600.000,00 para os atuais R$ 4.800.000,00. Também surgiu uma nova figura no cenário econômico, dando mais segurança jurídica a investidores: o investidor anjo. Sendo pessoa física ou jurídica – e isso não vai excluí-lo do Simples Nacional –, não será sócio nem terá direito à gerência ou administração da empresa e não responderá por dívidas da empresa, nem mesmo em recuperação judicial.

A partir de 2018, a alíquota passou a ser maior em relação à legislação anterior, mas com um desconto fixo específico para cada faixa de enquadramento, como acontece com a tabela progressiva do imposto de renda retido na fonte das pessoas físicas. As tabelas do Simples Nacional passam a ser resumidas em cinco anexos, sendo três para serviços, um para comércio e outro para indústria (elas estão disponíveis no portal do Simples Nacional no site da Receita Federal do Brasil: <www.receita.fazenda.gov.br>). Assim, deixa de existir o Anexo VI. Parte das atividades integrantes do Anexo VI foi distribuída entre os Anexos III e V.

Também a quantidade de faixas de faturamento, que antes totalizava vinte, caiu para seis, o que significou uma simplificação no sistema tributário para as pequenas e médias empresas. Por outro lado, a fórmula de cálculo para apuração do percentual de tributação sobre o faturamento do mês para recolhimento do DAS se tornou mais complexa, o que requer mais atenção e cuidado. Para maior segurança, é recomendado que o empresário busque o assessoramento de um profissional da contabilidade.

Veja um exemplo de apuração do DAS partindo da seguinte fórmula:

Em que:

$$DAS = FAT \times \left[\frac{(RBT12 \times Alíq) - PD}{RBT12\%} \right]$$

FAT: faturamento do mês a ser tributado;

RBT12: receita bruta acumulada nos doze meses anteriores ao período de apuração;

Alíq: alíquota nominal constante dos Anexos I a V da Lei Complementar 123/2006;

PD: parcela a deduzir, constante dos Anexos I a V da Lei Complementar 123/2006.

Exemplo de cálculo

Considerando que uma empresa que já se encontra aberta há vários anos e está no ano corrente enquadrada no Simples Nacional, com a atividade de comércio de cadeiras, quer calcular o valor do DAS para o mês de agosto do ano corrente, denominado "X8", sendo o faturamento de vendas desse mês igual a R$ 100.000,00. Para isso, teremos:

- Primeiro, é necessário apurar o faturamento acumulado dos últimos doze meses da empresa:

1	Agosto	X7	= R$ 50.000,00
2	Setembro	X7	= R$ 50.000,00
3	Outubro	X7	= R$ 50.000,00
4	Novembro	X7	= R$ 50.000,00
5	Dezembro	X7	= R$ 50.000,00
6	Janeiro	X8	= R$ 50.000,00
7	Fevereiro	X8	= R$ 50.000,00

8	Março	X8	= R$ 50.000,00
9	Abril	X8	= R$ 50.000,00
10	Maio	X8	= R$ 50.000,00
11	Junho	X8	= R$ 50.000,00
12	Julho	X8	= R$ 50.000,00
Total			= R$ 600.000,00

Em seguida, verifique em qual tabela sua atividade se enquadra. Para o nosso caso, deverá ser utilizada a tabela do Anexo I, destinada ao comércio:

Tabela 4.1 Faixa de receita bruta em 12 meses

Faixa	Receita bruta em 12 meses (em R$)	Alíquota	Valor a deduzir (em R$)
1ª Faixa	Até 180.000,00	4,00%	–
2ª Faixa	De 180.000,01 a 360.000,00	7,30%	5.940,00
3ª Faixa	De 360.000,01 a 720.000,00	9,50%	13.860,00
4ª Faixa	De 720.000,01 a 1.800.000,00	10,70%	22.500,00
5ª Faixa	De 1.800.000,01 a 3.600.000,00	14,30%	87.300,00
6ª Faixa	De 3.600.000,01 a 4.800.000,00	19,00%	378.000,00

Conforme essa tabela, o faturamento acumulado dos 12 últimos meses (R$ 600.000,00) se enquadra na 3ª faixa, de **R$ 360.000,01 a R$ 720.000,00**, com a alíquota de 9,5% e com a dedução de R$ 13.860,00. Com isso, teríamos que primeiro fazer o cálculo do percentual de incidência sobre o faturamento do mês para apurar o valor do DAS.

1. Elementos-base

RBT12: receita bruta acumulada nos doze meses anteriores ao período de apuração = R$ 600.000,00;

Alíq: alíquota nominal constante do Anexo I da Lei Complementar 123/2006 = 9,5%;

PD: parcela a deduzir, constante do Anexo I da Lei Complementar 123/2006 = R$ 13.860,00.

2. Cálculo da alíquota

$$\left[\frac{(RBT12 \times Alíq) - PD}{RBT12\%}\right]$$

$$\left[\frac{(R\$\,600.000,00 \times 9,5\%) - R\$\,13.860,00}{R\$\,600.000,00\%} = 7,19\%\right]$$

3. Cálculo do valor do DAS

Agora que já apuramos o percentual de tributação, basta aplicá-lo sobre o valor faturado no mês:

R$ 100.000,00 × 7,19% = R$ 7.190,00

O valor do DAS a ser recolhido sobre o faturamento de agosto será de R$ 7.190,00

4.4 PRINCIPAIS TRIBUTOS FEDERAIS

Independentemente da atividade da empresa, ela terá que efetuar o recolhimento de tributos para a Receita Federal do Brasil, embora a legislação que regula tais tributos possua diversas particularidades de acordo com a atividade da empresa ou o tipo de receita obtida. Citamos a seguir os principais tributos federais que se aplicam às empresas para que o empreendedor possa ter o conhecimento básico na hora de elaborar seu plano de negócios.

4.4.1 Imposto sobre Produtos Industrializados (IPI)

Se a atividade empresarial a ser praticada envolver a industrialização, mesmo incompleta, parcial ou intermediária, ou a venda de mercadorias das quais ele mesmo efetue a importação direta (não por meio de terceiros), o empreendedor deverá verificar a incidência de IPI sobre as vendas do mês. Esse imposto possui duas particularidades que devem ser observadas:

4.4.1.1 Princípio da seletividade

O art. 153, § 3º, inciso I, da Constituição Federal dispõe que o IPI será seletivo em função da essencialidade do produto, e ser seletivo em função da essencialidade implica que haverá alíquotas diferenciadas de acordo com o produto (considerado individualmente) ou o tipo de produto (se alimentício, de higiene, têxtil). Por exemplo, as alíquotas do IPI incidentes sobre cigarros (300%) e bebidas (30%), produtos considerados nocivos à saúde humana, são muito maiores do que as alíquotas aplicáveis a produtos considerados de primeira necessidade, que podem até ter a alíquota igual a zero.

O primeiro passo para obter os percentuais de tributação do IPI que serão aplicados aos itens a serem vendidos pela sua empresa é efetuar consulta na tabela de incidência do IPI (tabela TIPI), que fica disponível para consulta no portal eletrônico da Receita Federal do Brasil, sendo recomendável que essa consulta seja realizada por profissional especializado (contador ou engenheiro, para alguns casos), uma vez que a especificação constante na tabela TIPI nem sempre é clara em relação ao item analisado, podendo ter mais de uma interpretação. Se essa classificação tributária for efetuada de forma errada, a empresa poderá pagar um percentual a maior (o que afetará seu preço de venda e sua lucratividade) ou pagar um percentual menor, o que implicará autuação por parte da Receita Federal do Brasil e cobrança da diferença não tributada do IPI com multa e juros, podendo trazer significativo prejuízo para a empresa e seus proprietários.

4.4.1.2 Princípio da cumulatividade

Prevê o aproveitamento do montante do imposto cobrado na operação anterior, de modo a evitar a tributação em cascata. Constitui uma técnica de tributação que visa impedir que as incidências sucessivas nas diversas operações da cadeia econômica de um produto impliquem um ônus tributário muito elevado, decorrente da múltipla tributação da mesma base econômica, ora como insumo, ora como integrante de outro insumo ou de um produto final. Ele é efetivado pelo sistema de crédito do imposto relativo a produtos entrados (comprados) para ser abatido do que for devido pelos produtos dele saídos (vendidos).

Exemplo:

- (+) IPI incidente sobre todas as vendas do mês (débito) = R$ 40.000,00
- (–) IPI destacado nas notas fiscais de compra das matérias-primas e insumos do mês (crédito) = R$ 25.000,00
- (=) Saldo devedor do IPI apurado no mês = R$ 15.000,00

Pode-se observar que no exemplo acima os débitos sobre as vendas foram maiores que os créditos sobre as compras. Logo, a empresa deverá promover o recolhimento do saldo devedor do IPI de R$ 15.000,00, mas, caso a empresa tivesse efetuado compras em proporção superior às suas vendas, teríamos o total de créditos superior ao total de débitos pelas vendas, fazendo com que o saldo apurado no final do mês ficasse credor, para ser acrescido aos créditos do mês seguinte, não havendo, consequentemente, recolhimento do IPI para esse período de apuração em que foi apurado o saldo credor.

4.4.2 Tributos incidentes sobre o lucro

O lucro é o resultado econômico positivo apurado em determinado período pelas empresas com fins lucrativos. Quando as receitas forem maiores que as despesas de um período, o resultado econômico apurado (positivo) receberá a denominação LUCRO; quando as despesas forem maiores que as receitas de um período, o resultado econômico apurado (negativo) receberá a denominação PREJUÍZO.

Sobre o lucro apurado no período, a empresa deverá tributar o Imposto de Renda da Pessoa Jurídica (IRPJ) na alíquota de 15% sobre o lucro apurado, e a parcela desse lucro que exceder R$ 20.000,00 mês sofrerá a tributação a título de Adicional do IRPJ de 10% sobre esse excedente.

Exemplo:

- Lucro apurado no mês: R$ 30.000,00
- Cálculo do IRPJ: R$ 30.000,00 × 15% = R$ 4.500,00

- Base de cálculo do adicional de IRPJ: R$ 30.000,00 − R$ 20.000,00 = R$ 10.000,00
- Cálculo do IRPJ sobre esse adicional: R$ 10.000,00 × 10% = R$ 1.000,00
- Total a ser recolhido no Documento de Arrecadação Federal (DARF): R$ 4.500,00 + R$ 1.000,00 = R$ 5.500,00

Observação: a dedução de R$ 20.000,00 para achar a base de cálculo do Adicional de IRPJ é proporcional ao número de meses a que se refere o resultado econômico apurado, que pode ir de 1 a 12 meses; consequentemente, será a quantidade de meses multiplicada por R$ 20.000,00.

Lucro apurado no período de janeiro a junho = R$ 150.000,00

Base de cálculo do Adicional de IRPJ: R$ 150.000,00 − (R$ 20.000,00 × 6 = R$ 120.000,00) = R$ 30.000,00

Cálculo do IRPJ: R$ 30.000,00 × 10% = R$ 3.000,00

Também sobre o lucro apurado no período, a empresa deverá tributar a Contribuição Social sobre o Lucro Líquido (CSLL) na alíquota de 9% sobre o lucro apurado.

Lucro apurado no período: R$ 30.000,00

Cálculo da CSLL: R$ 30.000,00 × 9% = R$ 2.700,00

Como já vimos, sobre o lucro haverá a incidência do IRPJ/Adicional e da CSLL, mas para isso a empresa deverá apurar o seu lucro. A legislação vigente determina duas formas de fazer isso, sendo essa opção definida no primeiro pagamento do imposto do ano (que normalmente é recolhido em fevereiro de cada ano) por meio do número do código específico colocado no documento de recolhimento. Feito esse recolhimento, que funciona também como a opção pela forma de tributação, não haverá a possibilidade de alteração para esse ano, valendo para todo o ano da opção, por isso é muito importante que o empresário tenha convicção de que está fazendo a melhor opção (o que é possível de saber simulando o cálculo desses tributos para o ano pretendido pelos dois métodos e verificando qual traz mais vantagens, por isso é importante utilizar um profissional da contabilidade).

4.4.2.1 Lucro Real

Lucro Real é o lucro líquido do período de apuração ajustado pelas adições, exclusões ou compensações prescritas ou autorizadas pelo Regulamento (Decreto-lei 1.598/1977, artigo 6º), com observância das disposições das leis comerciais (Lei 8.981/1995, artigo 37, § 1º) e do artigo 191 da Lei 6.404/1976.

De maneira mais simples, o Lucro Real é o lucro líquido apurado através do balanço patrimonial da empresa pela diferença entre as receitas e as despesas do período, sendo:

Receita > Despesa = Lucro

Receita < Despesa = Prejuízo

Para fins de tributação, o resultado econômico apurado no balanço patrimonial do período (lucro ou prejuízo) deverá sofrer os ajustes determinados pela legislação federal do imposto de renda, uma vez que nesse resultado poderá haver despesas que não são aceitas como dedutíveis pelo fisco e, consequentemente, devem ser excluídas do resultado no momento na apuração da base de cálculo do IRPJ/Adicional e da CSLL, pois só haverá a incidência desses tributos no caso de se apurar lucro, sendo recomendável o assessoramento de um profissional da contabilidade devido à complexidade desse tema.

Quem é obrigado a optar pelo Lucro Real?

Em primeiro lugar, o empresário terá que verificar se ele não está obrigado a optar pelo Lucro Real; para isso, ele dever observar as condições abaixo:

A partir de 2014 estão obrigadas à apuração do Lucro Real as pessoas jurídicas:

I. cuja receita bruta total, no ano-calendário anterior, seja superior, mantidas as demais vedações, a partir de 01.01.2014, ao limite de receita bruta total de R$ 78.000.000,00 (setenta e oito milhões de reais), ou a R$ 6.500.000,00 (seis milhões e quinhentos mil reais) multiplicado pelo número de meses de atividade do ano-calendário anterior, quando inferior a 12 (doze) meses;

II. cujas atividades sejam de bancos comerciais, bancos de investimentos, bancos de desenvolvimento, caixas econômicas, sociedades de crédito, financiamento e investimento, sociedades de crédito imobiliário, sociedades corretoras de títulos, valores mobiliários e câmbio, distribuidora de títulos e valores mobiliários, empresas de arrendamento mercantil, cooperativas de crédito, empresas de seguros privados e de capitalização e entidades de previdência privada aberta;

III. que tiverem lucros, rendimentos ou ganhos de capital oriundos do exterior;

IV. que, autorizadas pela legislação tributária, usufruam de benefícios fiscais relativos à isenção ou redução do imposto;

V. que, no decorrer do ano-calendário, tenham efetuado pagamento mensal pelo regime de estimativa, na forma do artigo 2º da Lei 9.430/1996;

VI. que explorem as atividades de prestação cumulativa e contínua de serviços de assessoria creditícia, mercadológica, gestão de crédito, seleção e riscos, administração de contas a pagar e a receber, compras de direitos creditórios resultantes de vendas mercantis a prazo ou de prestação de serviços (*factoring*).

Também estão obrigadas ao Lucro Real as empresas imobiliárias, enquanto não concluídas as operações imobiliárias para as quais haja registro de custo orçado (IN SRF 25/1999). O custo orçado é a modalidade de tratamento contábil dos custos futuros de conclusão de obras. É importante ressaltar que, não estando obrigado a optar pelo Lucro Real, mas uma vez constatado que essa é a melhor opção tributária para sua empresa, é possível fazer a opção por meio do primeiro recolhimento efetuado no ano.

Tipos de opção pelo Lucro Real

- **Trimestral**: por esta opção, a empresa irá apurar quatro balanços patrimoniais no ano, para o primeiro trimestre (jan., fev. e mar.), para o segundo trimestre (abr., maio e jun.), para o terceiro trimestre (jul., ago. e set.) e para o quarto trimestre (out., nov. e dez.). Essa empresa irá efetuar, no caso de obter lucro em todos os trimestres, quatro recolhimentos de IRPJ/Adicional e de CSLL por ano.

- **Anual com balanço:** por esta opção, a empresa terá a incidência do IRPJ/Adicional e CSLL somente sobre o balanço patrimonial pelo resultado apurado do período de janeiro a dezembro daquele ano, mas a Receita Federal do Brasil exige que as empresas que fizerem essa opção façam adiantamentos mensais que podem ser escolhidos pela empresa, por estimativa ou por Balanço de Redução; com isso, a empresa só deve o tributo apurado sobre o balanço do mês de dezembro, mas poderá ter efetuado doze adiantamentos de tributos para o fisco. Consequentemente, se os valores adiantados forem maiores que o devido pelo balanço de dezembro, a empresa poderá se compensar do valor pago a maior ou pedir restituição (com correção); no caso de o valor apurado em dezembro ser maior que os adiantamentos, a empresa deverá proceder ao recolhimento da diferença.

4.4.2.2 Lucro Presumido

O Lucro Presumido é a forma de tributação simplificada do Imposto de Renda das Pessoas Jurídicas (IRPJ) e Contribuição Social sobre o Lucro (CSLL), pela qual, como o próprio nome já diz, o fisco **presume**, por meio de percentuais específicos para cada atividade, qual será o lucro. Embora toda empresa no território nacional esteja obrigada à escrituração contábil e à elaboração do balanço patrimonial, para o cálculo do IRPJ/Adicional e CSLL pela modalidade do Lucro Presumido a base de cálculo é o faturamento da empresa, e não o lucro apurado em balanço, por isso essa opção pode não ser vantajosa para as empresas que vierem a apurar prejuízo ou nas quais o lucro apurado fique abaixo do percentual de lucro presumido pelo fisco para a sua atividade.

Importante

É importantíssimo que se faça a simulação dos tributos pelo Lucro Real e pelo Lucro Presumido a fim de optar pela forma mais vantajosa para a empresa, lembrando que a opção se dará pelo primeiro pagamento do ano desses tributos.

Para essa opção só existe o recolhimento trimestral, por isso a empresa deverá apurar o faturamento de cada trimestre, apurar o Lucro

Presumido e aplicar as alíquotas para cálculo do IRPJ/Adicional e da CSLL, com recolhimento no último dia útil do mês subsequente ao mês de fechamento do trimestre.

Vejamos no Quadro 4.2 os percentuais de presunção para apurar a base de cálculo do IRPJ/Adicional.

Quadro 4.2 Percentuais de presunção para apurar a base de cálculo do IRPJ/Adicional

Espécies de atividade	% sobre receita
▪ Revenda a varejo de combustíveis e gás natural	1,6%
▪ Venda de mercadorias ou produtos ▪ Transporte de cargas ▪ Atividades imobiliárias (compra, venda, loteamento, corporação e construção de imóveis) ▪ Serviços hospitalares ▪ Atividade rural ▪ Industrialização com materiais fornecidos pelo encomendante ▪ Outras atividades não especificadas (exceto prestação de serviços)	8%
▪ Serviços de transporte (exceto o de cargas) ▪ Serviços gerais com receita bruta até R$ 120.000/ano	16%
▪ Serviços profissionais (sociedades simples), médicos, dentistas, advogados, contadores, diretores, engenheiros, consultores, economistas etc. ▪ Intermediação de negócios ▪ Administração, locação ou cessão de bens móveis/imóveis ou direitos ▪ Serviços de construção civil, quando a prestadora não empregar materiais de sua propriedade nem se responsabilizar pela execução da obra ▪ Serviços em geral, para os quais não haja previsão de percentual específico	32%
▪ Comercialização de veículos usados	
▪ No caso de exploração de atividades diversificadas, será aplicado sobre a receita bruta de cada atividade o respectivo percentual	1,6 a 32%

Exemplo de cálculo para apurar o Lucro Presumido para Base de Cálculo do IRPJ/Adicional, considerando uma empresa que possui a atividade de venda de máquinas e prestação de serviços de manutenção de máquinas:

	Faturamento do trimestre	Percentual de presunção do lucro	Lucro presumido do trimestre
Venda de mercadoria	R$ 100.000,00	8%	R$ 8.000,00
Venda de serviços	R$ 100.000,00	32%	R$ 32.000,00
BASE DE CÁLCULO DO TRIMESTRE			R$ 40.000,00

Pode-se observar que, para essa empresa, o lucro desse trimestre para apuração do cálculo do IRPJ (15%) e do Adicional (10% do que ultrapassar R$ 60.000,00 do lucro, lembrando que, pelo fato de o Lucro Presumido ser trimestral, teremos 3 meses × R$ 20.000,00 ao mês = R$ 60.000,00) será de R$ 40.000,00. Já que o lucro ficou abaixo de R$ 60.000,00 (dedução para cálculo do Adicional do IRPJ), teremos apenas a incidência do IRPJ, apurando, assim a importância de R$ 6.000,00 (R$ 40.000,00 × 15%) a ser recolhida.

Vejamos no Quadro 4.3 os percentuais de presunção para apurar a base de cálculo da CSLL.

Quadro 4.3 Percentuais de presunção para apurar a base de cálculo da CSLL

Espécies de atividades	Percentuais sobre a receita
■ Comerciais ■ Industriais ■ Serviços hospitalares ■ Transporte	12%
■ Prestação de serviços em geral, exceto a de serviços hospitalares e de transporte ■ Intermediação de negócios ■ Administração, locação ou cessão de bens imóveis, móveis e direitos de qualquer natureza	32%

Exemplo de cálculo para apurar o Lucro Presumido para Base de Cálculo da CSLL, considerando a mesma empresa do exemplo anterior (empresa que possui a atividade de venda de máquinas e prestação de serviços de manutenção de máquinas):

	Faturamento do trimestre	Percentual de presunção do lucro	Lucro presumido do trimestre
Venda de mercadoria	R$ 100.000,00	12%	R$ 12.000,00
Venda de serviços	R$ 100.000,00	32%	R$ 32.000,00
BASE DE CÁLCULO DO TRIMESTRE			R$ 44.000,00

Pode-se observar que, para essa empresa, o lucro desse trimestre para apuração do cálculo da CSLL (9%) terá o valor de R$ 44.000,00. Com isso, será recolhida, a título de CSLL, a importância de R$ 3.960,00 (R$ 44.000,00 × 9%).

É importante observar que existem duas tabelas de percentuais distintas de presunção para apuração da base de cálculo do IRPJ/Adicional e da CSLL.

4.4.3 Tributos incidentes sobre as receitas mensais

Sobre as receitas auferidas no mês (faturamento, receitas financeiras e outras receitas), a empresa deverá recolher o Programa de Integração Social (PIS) e a Contribuição ao Fim Social (COFINS), mas o percentual de incidência desses tributos e o seu princípio de tributação irão variar de acordo com a opção efetuada para o período quanto à apuração do Lucro. Nos últimos anos, no entanto, o que era relativamente fácil ficou extremamente complicado e as contribuições passaram a incidir sobre os regimes cumulativos, não cumulativos, de substituição tributária, monofásicos, alíquotas zero, por volume etc. Nesse período, as importações também passaram a ser tributadas, ou seja, será necessário que o empreendedor busque ajuda de um profissional especializado (recomenda-se um profissional da contabilidade) para poder determinar em quais situações específicas sua empresa irá se enquadrar e a quais alíquotas de tributação ela estará sujeita.

Buscando possibilitar um entendimento básico desses tributos, uma vez que a maioria das empresas abertas no país se enquadra em uma das duas situações, vejamos:

- De incidência não cumulativa (para os optantes pelo Lucro Real), pela qual é possível tomar crédito do PIS e da Cofins sobre os insumos de produção. Esta modalidade é quase específica para as empresas com atividade industrial, já que, para empresas que não tenham a atividade de transformação (salvo algumas exceções previstas em lei, ex.: Lei 10.833/2006), não é permitido tomar esse crédito, podendo ser observado pela Tabela 4.2 que os percentuais de incidência desses tributos são significativamente mais altos e que existem situações especiais que dependerão de análise mais aprofundada por profissional especializado no assunto.
- De incidência cumulativa (para os optantes pelo Lucro Presumido). Se não houver a possibilidade de tomar qualquer tipo de crédito sobre os insumos de produção, aplicam-se os percentuais constantes na Tabela 4.2 diretamente sobre as receitas que compõem a base de cálculo desses tributos.

Tabela 4.2 Percentuais de incidência de tributos nas modalidades não cumulativa e cumulativa

Tipo de opção para apuração do lucro base para o IRPJ/Adicional e CSLL	LUCRO REAL Não cumulativa	LUCRO PRESUMIDO Cumulativa
PIS	1,65%	0,65%
COFINS	7,6%	3,0%

4.5 TRIBUTOS ESTADUAIS

Perante o estado, as empresas deverão recolher o Imposto sobre Operações relativas à Circulação de Mercadorias e Prestação de Serviços de Transporte Interestadual e Intermunicipal e de Comunicação (ICMS). Esse imposto possui algumas alíquotas estipuladas para as operações entre os estados brasileiros, assim como cada estado possui uma tabela de valores com suas alíquotas internas, podendo ser considerado o tributo de maior complexidade existente. O ICMS está presente na Constituição Federal de 1988, e somente os governos dos estados podem instituí-lo ou alterá-lo. O objetivo do ICMS é apenas fiscal, e o principal fato gerador é a circulação de mercadoria, até mesmo as que iniciam no exterior, sendo um dos requisitos obrigatórios para as empresas sujeitas a ele a emissão da nota fiscal. Além disso, existem situações específicas e com percentuais de tributação exclusivos, ficando impossível o empresário trabalhar sem a ajuda de profissionais especializados para fazer o correto enquadramento da sua empresa e mantê-la atualizada, em virtude das constantes mudanças que ocorrem nessa legislação, sendo recomendado o assessoramento de um profissional da contabilidade ou de um advogado tributarista (salvo se os proprietários forem especialistas ou se especializarem nessa área).

Vejamos a seguir dois exemplos de situações específicas de tributação do ICMS.

4.5.1 Diferencial de alíquota

Ocorre quando os contribuintes do ICMS são obrigados a recolher o ICMS relativo à diferença existente entre a alíquota interna (praticada no estado destinatário) e a alíquota interestadual na entrada de mercadorias de outra Unidade da Federação destinadas a uso e consumo ou destinadas ao ativo imobilizado, sendo que somente existirá diferencial de alíquotas a ser recolhido caso o percentual da alíquota interna seja superior ao da alíquota interestadual. É importante ressaltar que existem casos de diferencial de alíquota em vendas interestaduais, para não contribuintes do ICMS, em que há partilha do tributo entre os estados.

4.5.2 Substituição tributária

A substituição tributária do ICMS caracteriza-se pela atribuição da legislação a determinado contribuinte para que ele substitua outro no pagamento do imposto. Esse contribuinte é denominado "substituto", enquanto o outro é o "substituído". Ou seja, o primeiro é eleito para efetuar a retenção e/ou recolhimento do ICMS, e o segundo é aquele que, no ato da compra, deixa de recolher o imposto em função de o primeiro já ter efetuado o recolhimento do imposto na origem (ou na fonte).

Para melhor exemplificar, veja a seguir a Tabela 4.3 com as principais alíquotas praticadas entre os estados:

Tabela 4.3 Principais alíquotas praticadas entre os estados

ORIGEM \ DESTINO	AC	AL	AM	AP	BA	CE	DF	ES	GO	MA	MT	MS	MG	PA	PB	PR	PE	PI	RN	RS	RJ	RO	RR	SC	SP	SE	TO	EX
AC	17	12	12	12	12	12	12	12	12	12	12	12	12	12	12	12	12	12	12	12	12	12	12	12	12	12	12	4
AL	12	18	12	12	12	12	12	12	12	12	12	12	12	12	12	12	12	12	12	12	12	12	12	12	12	12	12	4
AM	12	12	18	12	12	12	12	12	12	12	12	12	12	12	12	12	12	12	12	12	12	12	12	12	12	12	12	4
AP	12	12	12	18	12	12	12	12	12	12	12	12	12	12	12	12	12	12	12	12	12	12	12	12	12	12	12	4
BA	12	12	12	12	18	12	12	12	12	12	12	12	12	12	12	12	12	12	12	12	12	12	12	12	12	12	12	4
CE	12	12	12	12	12	18	12	12	12	12	12	12	12	12	12	12	12	12	12	12	12	12	12	12	12	12	12	4
DF	12	12	12	12	12	12	18	12	12	12	12	12	12	12	12	12	12	12	12	12	12	12	12	12	12	12	12	4
ES	12	12	12	12	12	12	12	17	12	12	12	12	12	12	12	12	12	12	12	12	12	12	12	12	12	12	12	4
GO	12	12	12	12	12	12	12	12	17	12	12	12	12	12	12	12	12	12	12	12	12	12	12	12	12	12	12	4
MA	12	12	12	12	12	12	12	12	12	18	12	12	12	12	12	12	12	12	12	12	12	12	12	12	12	12	12	4
MT	12	12	12	12	12	12	12	12	12	12	17	12	12	12	12	12	12	12	12	12	12	12	12	12	12	12	12	4
MS	12	12	12	12	12	12	12	12	12	12	12	17	12	12	12	12	12	12	12	12	12	12	12	12	12	12	12	4
MG	7	7	7	7	7	7	7	7	7	7	7	7	18	7	7	12	7	7	7	12	12	7	7	12	12	7	7	4
PA	12	12	12	12	12	12	12	12	12	12	12	12	12	17	12	12	12	12	12	12	12	12	12	12	12	12	12	4
PB	12	12	12	12	12	12	12	12	12	12	12	12	12	12	18	12	12	12	12	12	12	12	12	12	12	12	12	4
PR	7	7	7	7	7	7	7	7	7	7	7	7	12	7	7	18	7	7	7	12	12	7	7	12	12	7	7	4
PE	12	12	12	12	12	12	12	12	12	12	12	12	12	12	12	12	18	12	12	12	12	12	12	12	12	12	12	4
PI	12	12	12	12	12	12	12	12	12	12	12	12	12	12	12	12	12	18	12	12	12	12	12	12	12	12	12	4
RN	12	12	12	12	12	12	12	12	12	12	12	12	12	12	12	12	12	12	18	12	12	12	12	12	12	12	12	4
RS	7	7	7	7	7	7	7	7	7	7	7	7	12	7	7	12	7	7	7	18	12	7	7	12	12	7	7	4
RJ	7	7	7	7	7	7	7	7	7	7	7	7	12	7	7	12	7	7	7	12	20	7	7	12	12	7	7	4
RO	12	12	12	12	12	12	12	12	12	12	12	12	12	12	12	12	12	12	12	12	12	17,5	12	12	12	12	12	4
RR	12	12	12	12	12	12	12	12	12	12	12	12	12	12	12	12	12	12	12	12	12	12	17	12	12	12	12	4
SC	7	7	7	7	7	7	7	7	7	7	7	7	12	7	7	12	7	7	7	12	12	7	7	17	12	7	7	4
SP	7	7	7	7	7	7	7	7	7	7	7	7	12	7	7	12	7	7	7	12	12	7	7	12	18	7	7	4
SE	12	12	12	12	12	12	12	12	12	12	12	12	12	12	12	12	12	12	12	12	12	12	12	12	12	18	12	4
TO	12	12	12	12	12	12	12	12	12	12	12	12	12	12	12	12	12	12	12	12	12	12	12	12	12	12	18	4
EX	4	4	4	4	4	4	4	4	4	4	4	4	4	4	4	4	4	4	4	4	4	4	4	4	4	4	4	4

4.6 PRINCIPAL TRIBUTO MUNICIPAL

O principal tributo recolhido para os municípios e Distrito Federal é o ISS, que significa Imposto Sobre Serviços e que veio substituir o antigo Imposto sobre Serviços de Qualquer Natureza (ISSQN), sendo obrigatório o pagamento dele pelas empresas prestadoras de serviços nas quais os serviços prestados não estejam entre os serviços obrigatórios a serem tributados para o estado pelo ICMS. As empresas pagam sobre os seus serviços prestados para os municípios uma alíquota que varia entre 5% sobre o valor da nota fiscal e 2%, que é a alíquota mínima conforme a Emenda Constitucional 37, de 12 de junho de 2002; as alíquotas serão especificadas de acordo com a legislação interna de cada município.

A forma mais comum de recolhimento do ISS, na qual quase todas as empresas prestadoras de serviços se enquadram, resume-se, de forma simplificada, na aplicação dos percentuais de ISS de cada município sobre o valor das notas fiscais de serviços emitidas pelas empresas domiciliadas nesses municípios. Existe, entretanto, a possibilidade de determinadas atividades poderem requerer regimes especiais de tributação, o que na maioria das vezes possibilita às empresas que se enquadram nessas situações a redução desse tributo e o seu recolhimento de forma mais simplificada, reduzindo custos para as empresas.

Podemos citar como exemplo as empresas com atividades uniprofissionais – aquelas que na maioria das vezes são de atividades regulamentadas (contadores, advogados, engenheiros, médicos...) e em que a atividade principal de serviço da empresa é exercida pelos próprios donos –, que podem recolher um valor fixo anual, estipulado pelo município, em vez de um percentual sobre as notas fiscais emitidas, o que pode trazer vantagem tributária.

Embora esse seja um tributo com uma legislação menos complexa, se comparado aos demais, também é recomendado que se analise, mesmo antes da abertura da empresa, as possibilidades de enquadramento em regimes especiais de tributados do ISS, assim como, quando possível, quais os municípios que oferecem alíquotas mais vantajosas para que a empresa se instale neles.

4.7 OBRIGAÇÕES ACESSÓRIAS DIGITAIS

O Código Tributário Nacional (CTN) estabelece que toda empresa deve atender a duas obrigações tributárias: a obrigação tributária principal e a acessória.

4.7.1 Obrigação tributária principal

É o pagamento do tributo em si que, uma vez existindo o fato gerador, tem que ser recolhido aos cofres públicos, sendo os impostos, as contribuições, as taxas, os emolumentos e todos os demais existentes.

4.7.2 Obrigação tributária acessória

Resume-se a toda burocracia existente, por meio do envio de informações digitais que alimentam os computadores do fisco para acompanhamento, conferência e fiscalização da própria empresa, ou seja, ela mesma fornece ao fisco as informações necessárias para ser fiscalizada, sendo esse um processo que toma muito tempo dos profissionais da contabilidade que assessoram a empresa e também exige dela um alto grau de eficiência nos processos internos e de investimento em tecnologia da informação para atender periodicamente a essas obrigações (que podem ser mensais e anuais).

O não envio dessas informações, ou o envio fora do prazo, ou o envio incompleto, ou o envio de forma errada, ou o envio em desconformidade com a legislação vigente, irá sujeitar a empresa ao pagamento de multas que poderão atingir valores altíssimos ou até a sua paralisação temporária. Por isso, independentemente de a empresa ter movimentação ou não (ex.: receitas e despesas), é imprescindível que o empresário seja acompanhado por um profissional da contabilidade para atender a essas obrigações, pois pode existir uma empresa que – mesmo ainda não operando e por isso não obtendo nenhum tipo de receita – tenha que pagar multas pesadas em virtude do não envio dessas informações, o que incorrerá em perdas para o empreendedor e contribuirá para o insucesso do novo negócio.

Além do envio das obrigações acessórias digitais ao fisco, também são consideradas obrigações acessórias obrigatórias a serem elaboradas pelas empresas:

- emissão da nota fiscal de venda de mercadoria ou serviço;
- emissão das guias de recolhimento dos tributos;
- escrituração dos livros fiscais;
- confecção e envio das declarações fiscais pertinentes;
- demonstrações contábeis;
- folha de pagamento, contracheques;
- confecção e envio das declarações sociais.

Atualmente, quase a totalidade das fiscalizações são efetuadas eletronicamente, com isso, as declarações acessórias enviadas pelas empresas por meio do sistema SPED (ECF, ECD, eSocial e outros) disponibilizam automaticamente a base de dados das empresas para o cruzamento de informações pelo fisco, possibilitando a identificação de possíveis irregularidades existentes nessa base. Outro ponto que é muito importante e todo empresário deve se atentar é quanto ao fato de que as informações fornecidas através dessas obrigações acessórias ao fisco já constituem uma confissão de dívida por parte da empresa, o que possibilita ao fisco o direito de efetuar a cobrança delas.

Uma informação relevante para o empreendedor que planeja abrir seu negócio, ou até para os empresários que almejam uma gestão corporativa mais eficiente: para ser possível o envio dessas declarações digitais, primeiro o governo teve que tornar legal (por meio da publicação da Medida Provisória 2.200/2001) a possibilidade de que essas declarações possam ser assinadas digitalmente pelos responsáveis legais das empresas (ex.: titular, sócio, presidente etc.) de maneira que sua autenticidade possa ser comprovada já no momento da assinatura. Com isso, é gerado um pacote assinado, que contém o documento, a assinatura e o certificado do assinante, utilizado para verificar o processo. Esse pacote recebe o nome de certificado digital, e nele contém a chave pública do signatário, permitindo que qualquer interessado confira sua autenticidade, assim como possui um alto nível de segurança, que torna quase impossível o uso indevido dessa assinatura por terceiros.

Para conseguir uma assinatura digital, a pessoa ou empresa deve ir até uma entidade autorizada pelo Instituto Nacional de Tecnologia da Informação (ITI), chamada Autoridade Certificadora (AC). Essa entidade é facilmente encontrada e já faz parte do pacote de orientações fornecidas pelos profissionais da contabilidade aos seus clientes, visto que fica impossível o envio dessas obrigações acessórias sem a assinatura digital da empresa.

> **Importante**
>
> Essa assinatura se resume à digitação de uma senha através de mídia de segurança específica fornecida por essas autoridades certificadoras. Por isso, o empresário NUNCA deve fornecer a senha para terceiros, porque, se alguém tiver esse acesso e fizer uso indevido dela, ficará praticamente impossível para o responsável legal da empresa à qual a assinatura pertence imputar a responsabilidade a esse terceiro.

Por meio da AC, é possível fornecer procurações (com datas delimitadas de validade) para profissionais da contabilidade, assessores e advogados para que façam a assinatura, pela empresa, para entrega da maioria das obrigações acessórias existentes, eximindo o empresário de estar disponível nas mais diversas datas de entrega dessas declarações, o que pode atrapalhar o exercício das suas atividades. Nesse caso, o uso indevido da procuração possibilita que a empresa possa tomar medidas cabíveis para responsabilizar o procurador pelas perdas causadas.

Com a assinatura digital, o governo federal teve condições de criar um sistema digital, chamado Sistema Público de Escrituração Digital (SPED), com padrão único, que é disponibilizado para as empresas e possibilita a elas o envio (obrigatório) das suas obrigações acessórias, permitindo o compartilhamento (cruzamento de dados e informações) entre as esferas federal e estadual, e que futuramente também se estenderá aos municípios. Isso possibilita aos órgãos governamentais efetuar fiscalização quase em tempo real, exigindo que as empresas tenham totais condições e eficiência para o atendimento da legislação vigente no país, como também para gerar os arquivos SPED da forma correta e nos prazos estabelecidos. Por isso, é recomendado ao empreendedor e empresário o assessoramento de um profissional da contabilidade com vistas a ter pleno conhecimento de quais são as obrigações acessórias a que estará sujeito e as particularidades no momento de gerar essas informações ao fisco.

4.8 A IMPORTÂNCIA DA ESCRITURAÇÃO CONTÁBIL

Antes de tudo, é importante ressaltar que muitas vezes o empreendedor e o empresário restringem o papel da contabilidade apenas ao atendimento das obrigações principais e acessórias da sua empresa, que de fato pode tomar um tempo significativo desses profissionais e também da própria empresa gerar tais informações, o que demanda trabalho e custo. De certa forma, todo esse esforço é destinado ao fisco, como se todos eles trabalhassem para o próprio fisco, patrocinados pela empresa. No entanto, o papel principal do profissional da contabilidade é efetuar a escrituração contábil e produzir para a empresa e seus gestores informações essenciais e tempestivas, que lhes possibilitem condições de tomarem decisões eficientes e de grande resultado para o sucesso do empreendimento, com base nos dados fornecidos.

Importante

O único profissional que pode legalmente gerar essas informações é o profissional da contabilidade, subordinado a um órgão regulador chamado Conselho Federal de Contabilidade (CFC), que, por meio das suas regionais, os Conselhos Regionais de Contabilidade (CRC) de cada Estado da Federação, responde pelo registro, pela educação profissional continuada e pela fiscalização de todos os profissionais da contabilidade (técnicos e bacharéis) existentes no território nacional.

Cabe também ao CFC, que é uma autarquia pública, regular sobre as normas técnicas que regem a escrituração contábil brasileira e que atualmente já estão convergentes com as normas internacionais de contabilidade, no padrão europeu (*International Financial Reporting Standards* – IFRS –, que, traduzido para o nosso idioma, quer dizer Normas e Padrões Internacionais de Contabilidade).

Por meio dessa padronização, é possível que os balanços produzidos no Brasil estejam conceitualmente compatíveis com balanços produzidos em outros países, facilitando as negociações e os investimentos internacionais, além de esse método possibilitar a produção de relatórios contábeis que se traduzem em informações gerenciais e estratégicas para seus gestores, bem diferentes do padrão utilizado no passado, voltado às regras fiscais e pouco às necessidades gerencias da empresa. Por isso, antes de tudo, o empreendedor deverá contratar profissionais da contabilidade que estejam atualizados quanto a essa legislação técnica, que é a única vigente no país, sendo assim obrigatória.

Quais são os livros (quase todos digitais, hoje em dia) e as demonstrações contábeis que devem ser elaborados obrigatoriamente pelas empresas?

Quais são os riscos para as empresas que não possuem seus livros e demonstrações contábeis obrigatórias?

As seguintes legislações brasileiras são muito claras quanto à obrigatoriedade da escrituração contábil:

- Seção III (Da Administração), em seus artigos 1.020, 1.065 e 1.179 do Código Civil Brasileiro (Lei 10.406/2002).
- Lei 8.137/1990 (Código Penal) – crimes fiscais.
- Lei 11.101/2005 (Lei de Recuperação Judicial, Extrajudicial e Falência).
- Lei 7.492/1986 – Crime Contra o Sistema Financeiro.
- Lei 9.613/1998 (alterada pela Lei 12.683/2012, que trata da prevenção e combate à lavagem de dinheiro).
- NBC TG 1.000 e OTG 1.000 (Legislação da Profissão Contábil).

A inexistência da escrituração contábil poderá trazer sérias consequências legais para a empresa, além de demonstrar que ela não é profissionalizada e que não produz para seus gestores condições de mensurar e entender o seu patrimônio, que se traduz, de forma resumida, em seus bens, direitos e obrigações, mas que também pode ser compreendido como um panorama econômico da empresa (liquidez, endividamento, lucratividade, entre muitas outras informações). Esse é um dos fatores primordiais para o seu crescimento, assim como para trazer novos investimentos ou até viabilizar a venda da empresa e obter ganhos significativos. Em suma, sem a escrituração contábil a empresa estará fadada à mera subsistência e ao amadorismo dos seus gestores.

Uma confusão ainda feita em nosso país ocorre quanto ao fato de existirem falhas em legislações tributárias que dispõem em seus textos legais que a empresa optante por aquele sistema tributário estará obrigada à entrega do Livro Caixa, e não do Livro Diário (entenda-se, escrituração contábil). Temos como exemplo a Lei Complementar 123/2006, mas essa determinação só pode ser aplicada ao respectivo órgão fiscalizatório, não cabendo a nenhum outro fim. Com isso, a inexistência da escrituração contábil poderá trazer sérias consequências para os proprietários das empresas que não a mantiverem de forma regular e de acordo com a legislação técnica vigente no país.

Importante

Recomenda-se ao empreendedor/empresário, antes de contratar um profissional da contabilidade para assessorá-lo, buscar referências dele e consultar o portal eletrônico do Conselho Regional de Contabilidade do seu estado, no qual é possível verificar se esse profissional está regular perante seu conselho de classe. Depois disso, elaborar um contrato profissional de prestação de serviços, deixando claros os direitos e as obrigações de cada parte, garantindo, assim, que o serviço adquirido seja entregue e que, havendo qualquer problema, haja um instrumento legal válido para as medidas legais necessárias, além de ser um instrumento de proteção ao empresário/empreendedor.

Voltando ao caso para análise – Partindo para abrir a própria empresa

As coisas estão bem encaminhadas para a abertura do restaurante de Roberto. Suas dúvidas, até o momento, foram todas esclarecidas graças à ajuda que você prestou de maneira muito compreensiva.

As dificuldades para as decisões continuam, e o próximo passo será definir o enquadramento da empresa quanto aos aspectos fiscais e tributários e a modalidade de negócio que deverá atender à legislação brasileira. Esse é um momento crucial não só para os planos de Roberto, mas também para todos os empreendedores engajados no mesmo objetivo.

Infelizmente, muitos micro e pequenos empresários desconhecem como planejar a melhor forma para pagar seus impostos. Não sabem, por exemplo, que um dos benefícios do bom planejamento tributário é a diminuição da quantidade de dinheiro que se paga para o governo, de forma honesta e sem nenhum tipo de sonegação. Em média, quase 34% do lucro de uma empresa vai para o governo em forma de tributos. Do total da somatória dos custos e das despesas, mais da metade desse valor pode representar impostos.

A partir do momento em que Roberto tomou conhecimento dessa realidade, passou a imaginar qual seria a melhor maneira de se planejar nesse sentido. Com o conhecimento que obteve neste capítulo, você será capaz de orientar Roberto da melhor maneira. Mostre ele que você se tornou um *expert* no assunto!

Sua opinião como consultor

Roberto não quer errar nesse momento tão importante e precisa muito de suas orientações. Ajude-o respondendo às seguintes questões:

a) Qual a melhor opção para o restaurante de Roberto: Lucro Real ou Lucro Presumido?

b) No caso do Simples Nacional, quais são os impostos e as respectivas alíquotas que incidirão sobre a empresa de Roberto?

5

A importância das ferramentas contábeis na gestão financeira das empresas

Assista aos **vídeos**

Objetivos de aprendizagem

Ao final deste capítulo, o leitor deverá estar preparado para:
- compreender a importância da contabilidade como ferramenta de gestão;
- conhecer os principais documentos contábeis;
- utilizar os números contábeis para análises e diagnósticos;
- gerar informações para tomada de decisões.

A contabilidade surgiu nos primórdios da humanidade, atendendo às necessidades de antigas civilizações como forma de controle na produção de todas as formas de bens utilitários, como ferramentas, armas artesanais e rebanhos de animais. Já naquela época o homem exercia registros usando formas rudimentares de contabilidade e, com o tempo, essa ciência transformou-se em uma das principais ferramentas provedoras de elementos informativos para tomada de decisões e como forma assertiva para dimensionar o passado e projetar o futuro. Do ponto de vista empresarial, a contabilidade representa a pura e única capacidade de identificar a origem e aplicação dos recursos da organização de forma automática e perfeitamente segura, garantindo a necessária transparência e eficiência na gestão dos principais recursos da empresa.

Para que possa compreender melhor essa ciência, pense na seguinte analogia: um navegador necessita de instrumentos específicos em sua embarcação para travessia de um extenso oceano, como um GPS ou mesmo uma bússola. É razoavelmente óbvio imaginar que essa viagem se tornaria impossível caso o navio não estivesse equipado com essas importantes ferramentas de navegação, por conta da mínima noção de direção, posicionamento, localização e previsão de possíveis adversidades, deixando-o completamente perdido e à deriva em meio à imensidão do mar. De forma similar, qualquer empresa inserida em oceanos de negócios deve possuir ferramentas que proporcionem boa direção, posicionamento no mercado e principalmente o controle sobre possíveis intempéries financeiras.

Para que nada disso aconteça, o comandante dessa empresa deve usar a contabilidade como principal ferramenta de gestão, capaz de elucidar caminhos e conduzi-lo ao sucesso. Partindo desse princípio, pode-se afirmar que a contabilidade gera indicadores importantes que auxiliam no correto controle financeiro da empresa e clareiam o caminho para atingir objetivos. Infelizmente, percebe-se que isso ainda parece ser uma tarefa extremamente complexa para algumas classes empresariais, e tem sido um dos principais motivos da mortalidade prematura de pequenas empresas no Brasil. A falta de informações contábeis para tomada de decisões faz com que esses empresários fiquem perdidos, como que à deriva nesse simbólico mar turbulento e bem característico em cenários de incertezas e instabilidades política e econômica. Saber controlar, analisar e extrair informações contidas em demonstrações contábeis é essencial para diagnósticos e controles financeiros nas organizações. Por se tratar de uma área na qual residem os principais riscos de liquidez e solvência, fazer uso da contabilidade como ferramenta de gestão certamente evitará um possível naufrágio.

Nesse aspecto, o empresário deverá possuir um grau de conhecimento que lhe permita visualizar facilmente os dados gerados pela contabilidade e transformá-los em informações seguras que lhe garantam assertividade na visão de possíveis problemas causadores do desequilíbrio do caixa da empresa. Do ponto de vista administrativo, essa é uma gestão que exigirá determinadas ações, envolvendo aspectos como: o controle e monitoramento constante dos custos e despesas, a formação correta do preço de venda, o controle do fluxo de caixa e um correto entendimento dos principais documentos da contabilidade.

Portanto, entendemos que a contabilidade é uma ciência que estuda, registra e interpreta os fatores que influenciam diretamente o patrimônio das empresas. Trata-se de registros e análises relacionados à formação, movimentação e às variações patrimoniais ligadas à empresa e capazes de gerar informações necessárias para ações estratégicas e administrativas. Todas as movimentações existentes no patrimônio de uma empresa são registradas pela contabilidade, gerando relatórios que orientam e fornecem uma clara visão sobre as condições econômico-financeiras da empresa. Em outras palavras, a contabilidade é responsável por toda a escrituração (registros em livros contábeis) e a apuração desses resultados, esclarecendo as origens e os destinos dos recursos aplicados e sendo o único caminho capaz de apurar os lucros ou prejuízos.

A contabilidade está dividida em três importantes partes:

i. **Contabilidade financeira**: responsável pelas operações de pagamento e recebimento (clientes, fornecedores, bancos, salários e impostos), representadas por um balanço patrimonial anual ou trimestral, para fins fiscais e comerciais.

ii. **Contabilidade de custos**: responsável pela apuração e pelo controle sobre qualquer tipo de desembolso feito pela empresa, para a obtenção do produto ou serviço que ela comercializa. O objetivo principal da contabilidade de custos é fornecer ao gestor um claro panorama dos gastos de sua empresa, para que se possa analisar melhor uma determinada situação financeira. Além disso, fornece respostas a importantes perguntas, como: A empresa sabe exatamente quanto vai custar o que ela pretende produzir ou vender? Quanto se gasta em todo o processo de produção? Quais são os custos e as despesas mensais sofridos pela empresa? Como calcular o preço de vendas?

iii. **Contabilidade tributária**: também conhecida como contabilidade fiscal, tem como função apurar e conciliar a geração de tributos, sendo imprescindível aos contribuintes manterem estreito controle sobre sua situação patrimonial, evitando informações incorretas e possíveis distorções na apuração dos tributos devidos, como explanado no primeiro capítulo deste livro.

5.1 DEMONSTRAÇÕES CONTÁBEIS

As demonstrações contábeis são representações monetárias da posição patrimonial e financeira em determinados momentos e datas. Têm por finalidade auxiliar os usuários a estimar os resultados futuros, bem como os fluxos financeiros futuros da empresa. O conjunto completo de demonstrações contábeis inclui os seguintes documentos:

- balanço patrimonial;
- demonstração de resultados do exercício;
- demonstração das mutações de patrimônio líquido;
- demonstração do fluxo de caixa;
- demonstração do valor adicionado, caso este seja divulgado pela empresa;
- notas explicativas.

Sendo uma das propostas deste livro dar ao leitor um entendimento sobre a contabilidade como ferramenta geradora de informações para tomada de decisões e análises, focaremos apenas em três demonstrações contábeis, suficientes para elaboração de um quadro clínico que possibilite a visão da situação financeira da empresa.

5.2 BALANÇO PATRIMONIAL

O balanço patrimonial é um documento que representa o retrato instantâneo da situação financeira da empresa em determinado momento e data. Conforme a Lei 6.404/76 (artigos 176 a 182 e artigo 187) e a NBC T.3, o balanço patrimonial é constituído pelo ativo, pelo passivo e pelo patrimônio líquido. O termo "balanço" origina-se do equilíbrio (ativo = passivo + PL) ou (aplicações = origens) ou ainda (bens + direitos = obrigações). Parte da ideia de uma balança de dois pratos, em que sempre haverá a igualdade de um lado com o outro (se não estiver em igualdade, significa que há erros na contabilidade da entidade).

5.2.1 Conjunto de contas do balanço patrimonial

Ativo: compreende os bens, direitos e as demais aplicações de recursos controlados pela empresa, capazes de gerar benefícios econômicos futuros originados de eventos ocorridos.

Ativo circulante: é uma referência aos bens e direitos com alto grau de liquidez, ou seja, possuem a capacidade de ser convertidos em dinheiro em curto prazo. Os ativos considerados circulantes incluem: dinheiro em caixa, conta movimento em banco, estoque, duplicatas a receber e qualquer outro tipo de entrada de recursos financeiros a curto prazo.

Ativo não circulante: corresponde ao grupo de contas em que são registrados os bens e direitos que possuem baixo grau de liquidez, ou seja, a capacidade de se transformar em dinheiro é a longo prazo (acima de 360 dias do fechamento do exercício social), e são incluídos todos os bens de natureza duradoura, destinados ao funcionamento normal do empreendimento, assim como os direitos exercidos para esses fins. O ativo não circulante está dividido em quatro grupos de contas: realizável a longo prazo, investimentos, imobilizados e intangíveis.

- **Realizáveis a longo prazo**: são aplicações financeiras a longo prazo, depósitos bancários a longo prazo, duplicatas a receber a longo prazo, investimentos a longo prazo, empréstimos a receber ou vendas a longo prazo.
- **Investimentos**: neste grupo de contas do ativo não circulante devem ser classificadas as participações societárias permanentes, que correspondem às importâncias aplicadas em aquisição de ações e outros tipos de participação societária, com a intenção de mantê-las em caráter permanente, quer por interesse econômico, quer para obter controle societário, como fonte permanente de renda.
- **Imobilizado**: os bens classificados como imobilizados possuem características bem particulares que os diferenciam dos demais bens da empresa. São utilizados pela pessoa jurídica para fins de produção ou comercialização de produtos ou serviços, para locação ou para outra finalidade dentro da empresa. Espera-se que tais bens sejam utilizados por período superior a um ano e que a pessoa jurídica obtenha benefícios econômicos em razão de sua utilização. Exemplos: móveis e utensílios; máquinas e equipamentos; imóveis e veículos.

- **Intangível**: são aqueles que não possuem existência física. Como exemplos de intangíveis: direitos de exploração de serviços públicos mediante concessão ou permissão do Poder Público, marcas e patentes, direitos autorais adquiridos, *softwares* e o fundo de comércio adquirido.

> **Fique por dentro**
>
> Na contabilidade, a expressão "longo prazo" representa tudo aquilo com exigibilidade ou realização superior a um ano, contado após o fechamento do exercício social, ou seja, se o ano-base é 2016, tudo que vencer até 31 de dezembro de 2017 é curto prazo, e somente o que tiver vencimento após 1º de janeiro de 2018 será considerado longo prazo.

Passivo: compreende as origens de recursos representados pelas obrigações para com terceiros, resultantes de eventos ocorridos que exigirão recursos para a sua liquidação.

Passivo circulante: é uma referência a todas as obrigações pagas em curto prazo, ou seja, em até 12 meses (um ano). Esse conjunto de contas do passivo é organizado de acordo com sua velocidade de pagamento. Todo início de mês, a empresa deve cumprir com as seguintes obrigações: salários, impostos, fornecedores e outros devedores com vencimentos no curto prazo.

Passivo não circulante: trata-se do conjunto de contas do passivo com vencimentos a longo prazo, podendo-se destacar: debêntures a pagar, financiamentos para aquisição de direitos do ativo não circulante, quando se vencerem após o exercício seguinte.

Patrimônio líquido: compreende os recursos próprios da empresa. Um conjunto de contas que registra o valor contábil dos acionistas ou cotistas, ou, no caso de empresas individuais, o valor patrimonial do proprietário. Em outras palavras, o patrimônio líquido representa exatamente o que a pessoa possui, ou seja, sua riqueza efetiva, pois é o que sobra depois de pagar todas as obrigações. O patrimônio líquido é a diferença entre os valores do ativo (+) e do passivo (−) da empresa em determinado momento.

5.2.2 Estrutura do balanço patrimonial

ATIVO	PASSIVO
Bens e direitos	Obrigações
	Patrimônio líquido

Bens: é considerado bem tudo aquilo que possui valor econômico e que pode ser convertido em dinheiro, sendo utilizado na realização dos propósitos de seu proprietário e que passa ter pleno direito sobre ele. Os bens podem ser de "uso" (ativo imobilizado quando são utilizados para a execução do objetivo social da empresa); de "troca" (o dinheiro e os estoques de mercadorias e de produtos) e de "consumo" (os estoques de matéria-prima).

Direitos: são tudo o que a empresa tem a receber que proporcionem benefícios em curto ou longo prazo. Entende-se como o poder que a empresa possui de exigir alguma coisa. Pode ser uma duplicata de vendas a receber ou qualquer outro tipo de dívida que, em algum momento, dê a ela o direito de cobrar. Exemplos: vendas a prazo, em que a mercadoria já foi entregue, porém ainda não paga, ou qualquer tipo de financiamento, empréstimos e despesas financeiras que lhe dão o direito de cobrança.

Obrigações: são as dívidas que devem ser pagas a terceiros (empresa ou pessoa física), que em algum momento serão exigidas. Exemplos: salários, impostos, dívidas com fornecedores, aluguéis e outras contas a pagar.

Patrimônio líquido: representa aquilo que os sócios, acionistas ou o proprietário da empresa individual realmente possuem, sua riqueza efetiva, aquilo que lhes sobra após o pagamento de todas as dívidas. O patrimônio líquido é a diferença entre os valores do ativo (total) e os valores do passivo (total) da entidade, em determinado momento. É bom destacar que o patrimônio líquido não deixa de ser uma obrigação da empresa (pessoa jurídica) para com a pessoa física (sócios, acionistas ou proprietários individuais).

5.2.3 Outros termos comuns na contabilidade

Capital: é o conjunto de recursos disponíveis na empresa, seja financiado por terceiros ou pelo proprietário (passivo ou patrimônio líquido). Sua origem está representada pelo passivo e suas aplicações pelo ativo do BP.

Capital social: são os investimentos iniciais feitos pelo proprietário da empresa. Esse valor aparece no conjunto de contas do patrimônio líquido e só é modificado quando o proprietário realiza investimentos adicionais.

Capital de terceiros: são todos os investimentos feitos por terceiros devidamente representados no passivo circulante e não circulante. Ex.: compra de matérias-primas, financiada pelo fornecedor com elasticidade no prazo de pagamento, ou compra de equipamentos com pagamentos parcelados a longo prazo.

Capital próprio: trata-se da riqueza líquida disponível aos sócios, investidores ou proprietário individual, representada pela soma do capital social, suas variações, os lucros acumulados e as reservas.

Quadro 5.1 Estrutura detalhada do balanço patrimonial

ATIVO	PASSIVO
ATIVO CIRCULANTE	PASSIVO CIRCULANTE
Caixa	Salários
Banco	Apropriação de férias e 13º a pagar
Duplicatas a receber	Fornecedores
Estoque	Impostos
Cheques a receber	Outras dívidas a curto prazo
Aplicações financeiras a curto prazo	Empréstimos a vencer no curto prazo
ATIVO NÃO CIRCULANTE	PASSIVO NÃO CIRCULANTE
REALIZÁVEL A LONGO PRAZO	EXIGÍVEL A LONGO PRAZO
Investimentos	Dívidas a longo prazo
Duplicatas a longo prazo	Duplicatas a pagar a longo prazo
Empréstimos a receber	Outras dívidas a longo prazo
Aplicações no longo prazo	

ATIVO	PASSIVO
IMOBILIZADOS	BALANÇO PATRIMONIAL
Imóveis	Capital inicial
Móveis e equipamentos	Reserva de lucro
Máquinas	Prejuízos acumulados
Veículos	Reserva de capitais
GRUPO DE INTANGÍVEIS	Ajustes patrimoniais
Marcas e patentes	
Direito de exploração	
Software	
Fundos de comércio adquiridos	

Conclui-se que o balanço patrimonial abrange tudo aquilo que a empresa possui (bens e direitos) e tudo que ela deve (obrigações). Entendem-se, também, as considerações sobre bens, direitos e obrigações, devidamente representadas no BP. Portanto, os bens e direitos constituem a parte positiva do patrimônio, chamada "ATIVO". As dívidas ou obrigações representam a parte negativa do patrimônio, chamada "PASSIVO".

Exemplo prático de um Balanço Patrimonial

ATIVO	PASSIVO
CIRCULANTE	CIRCULANTE
Caixa ....15.000 Banco................................. 25.000 Duplicatas a receber...................6.600 Estoque................................27.000	Salários ....19.000 Previsão de férias e 13º .... 22.000 Fornecedor.................................12.600 Impostos .... 4.630 Empréstimo.................................9.000
Total do circulante....................73.600	Total do circulante....................67.230
ATIVO NÃO CIRCULANTE	PASSIVO NÃO CIRCULANTE
Realizável em longo prazo Investimentos........................... 70.000	Exigível a longo prazo Fornecedores.............................37.000

ATIVO		PASSIVO	
Imobilizados		PATRIMÔNIO LÍQUIDO	
Móveis	35.000	Capital inicial	236.022
Imóvel	145.000	Reserva de lucros	157.348
Veículo	67.000		
Máquinas e equipamentos	107.000		
Total não circulante	354.000	Total do patrimônio líquido	393.370
Total do ativo	497.600	Total do passivo	497.600

Em situações de completa normalidade na contabilidade da empresa, percebe-se um equilíbrio entre as contas do ativo e do passivo. Como já mencionado, é de extrema importância que o gestor saiba fazer uma leitura apropriada desse documento, a fim de conhecer a real situação da empresa naquele momento. No caso das pequenas empresas, os gestores devem se fazer valer da parceria com os escritórios de contabilidade, a fim de se beneficiarem da elaboração desse importante documento.

5.3 DEMONSTRAÇÃO DO RESULTADO DO EXERCÍCIO (DRE)

É muito importante que o gestor conheça o real desempenho de seus negócios. A empresa está tendo lucro ou prejuízo? Essa, talvez, seja uma das maiores dificuldades sofridas pelas pequenas empresas no Brasil. A falta de conhecimento e a inexistência de demonstrativos contábeis impedem a noção da existência de rentabilidade ou de ineficácia nos resultados. Essa falta de visão acaba camuflando os maus resultados, levando a empresa a acumular prejuízos, prejudicando silenciosamente toda a estrutura de capitais do negócio. A fim de prevenir tais situações e evitar o caos financeiro, o gestor deve efetuar a leitura correta de suas demonstrações de resultados referente a cada exercício.

A sigla DRE significa Demonstração do Resultado do Exercício. Esse importante documento contábil apresenta as demonstrações financeiras devidamente ordenadas, em que constam as receitas da empresa e a subtração das despesas e dos custos ocorridos durante determinado período. Trata-se de uma estrutura na forma dedutiva (verticalmente), atingindo um resultado final que acusará a existência de um lucro ou prejuízo do exercício.

De acordo com a Lei 6.404/76, as empresas devem descriminar na DRE as seguintes informações:

- da receita bruta das vendas, abatem-se as deduções das vendas e os impostos (essa diferença é denominada receita líquida de vendas);
- dessa receita líquida das vendas, subtraem-se os custos das mercadorias vendidas ou dos serviços prestados, resultando no que se chama de lucro bruto;
- desse resultado, subtraem-se as despesas com vendas, as despesas financeiras, as despesas gerais e administrativas e outras despesas operacionais;
- chega-se, portanto, ao que chamamos de lucro operacional ou resultado do exercício antes do imposto de renda, da contribuição sobre o lucro líquido e da provisão para esses impostos;
- finalmente, apura-se o lucro (caso o resultado final seja positivo) ou o prejuízo (caso esse resultado final seja negativo) líquido do exercício.

Quadro 5.2 Modelo de demonstração do resultado do exercício (DRE)

Receita operacional bruta
(+) Venda de produtos
(+) Venda de mercadorias
(+) Venda de serviços
(−) Deduções da receita bruta
(−) Devoluções de vendas
(−) Abatimentos
(−) Impostos e contribuições incidentes sobre vendas
(=) Receita operacional líquida
(−) Custos das vendas
(−) Custo dos produtos vendidos
(−) Custos das mercadorias
(−) Custos dos serviços prestados
(=) Resultado operacional bruto
(−) Despesas operacionais
Despesas com vendas
Despesas administrativas
(−) Despesas financeiras líquidas
Despesas financeiras
(=) Resultado operacional antes do imposto de renda e da contribuição social e sobre o lucro
(−) Provisão para imposto de renda e contribuição social e sobre o lucro
(=) Resultado líquido do exercício

Na prática, apresenta-se a DRE da seguinte maneira:

Quadro 5.3 Exemplo de demonstração do resultado do exercício (DRE)

Receita operacional bruta		
(Total de vendas no período)	R$	180.000
(−) Dedução da receita bruta		
Devolução de vendas	R$	7.500
Abatimentos	R$	1.230
Impostos e contribuições incididos sobre a venda	R$	37.500
(=) Receita operacional líquida	R$	133.770
(−) Custos das vendas		
Custos dos produtos vendidos	R$	81.000
(=) Resultado operacional bruto	R$	52.770
(−) Despesas operacionais		
Despesas com vendas	R$	5.330
Despesas administrativas	R$	7.180
(−) Despesas financeiras	R$	964
(=) Resultado operacional antes do IRPJ e CSSL	R$	39.296
(−) Provisão para IRPJ e CSSL	R$	9.426
(=) Resultado líquido do exercício	R$	29.870

Repare, no modelo acima, que o resultado final foi positivo, significando que a empresa obteve um lucro operacional de R$ 29.870,00. Na hipótese de um resultado negativo, indicaria que a empresa sofreu um prejuízo operacional.

Não há uma maneira mais exata e verdadeira de apurar esses resultados a não ser pela DRE. Quando os lançamentos são cuidadosamente efetuados ao longo de cada exercício, a DRE indica com exatidão se houve lucratividade ou um défice nos resultados da empresa. Tal apuração pode ser feita mensalmente e de forma intensiva, para um melhor monitoramento dos resultados.

Como vimos, a DRE será capaz de evitar um pensamento errôneo presente no dia a dia de muitos micro e pequenos empresários. O total das receitas brutas alcançadas a cada período NÃO pertence 100% ao proprietário. A maior parte são propriedades de terceiros, e o uso inadequado desses recursos causará um grande desequilíbrio no caixa da empresa.

Os benefícios oferecidos pelo uso dessa ferramenta contábil não se limitam apenas à apuração do resultado do exercício. Outras informações também podem ser conhecidas e proveitosas em importantes análises. Os dados gerados pelo balanço patrimonial e DRE serão os principais elementos para conhecer diversos aspectos relevantes do negócio, ampliando a visão do empresário sobre a saúde econômico-financeira de sua empresa. Veremos como isso se aplica na prática.

5.4 QUADRO CLÍNICO DA EMPRESA

O administrador de uma empresa, independentemente do segmento em que atua ou da estrutura que possui, deve estabelecer uma rotina criteriosa de análises sobre todos os aspectos relacionados à parte financeira da empresa. O termo aqui empregado para "análise" possui as seguintes conotações:

- acompanhamento comportamental dos resultados;
- averiguação criteriosa;
- estudos detalhados; e
- seleção de componentes presentes num todo para uma cuidadosa avaliação.

Essas análises serão capazes de fornecer um panorama realístico e transparente sobre a saúde financeira da empresa, apontando possíveis fragilidades que imediatamente devem ser corrigidas, a fim de não comprometer a vida da empresa. Com a ajuda de um quadro clínico, o gestor poderá acompanhar de forma mais evidente as reais condições de sua estrutura de capital. A seguir, você poderá visualizar as várias etapas de um processo de análise.

5.4.1 Etapas para o processo de análise

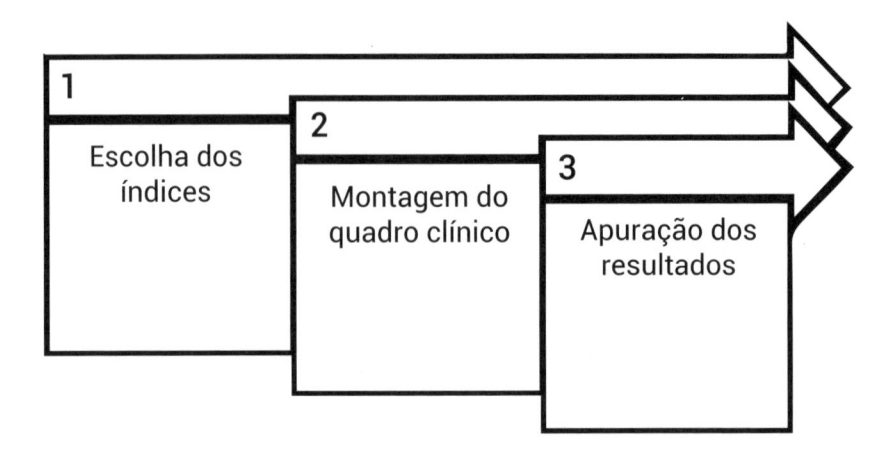

1 Escolha dos índices
2 Montagem do quadro clínico
3 Apuração dos resultados

1. **Escolha dos índices**: é a etapa inicial da análise, uma seleção dos aspectos mais impactantes sobre o desempenho financeiro da empresa. Exemplos: estrutura de capital, grau de liquidez, rentabilidade e endividamento.
2. **Montagem do quadro clínico**:

		Exercícios			Resultados	
		2014	2015	2016	Resultado	Avaliação
Índice de liquidez	Imediata					Quanto > melhor
	Corrente					Quanto > melhor
	Seca					Quanto > melhor
	Geral					Quanto > melhor
Rentabilidade	Ativo					Quanto > melhor
	Patr. líq.					Quanto > melhor
Payback	Ativo					Quanto < melhor
	Patr. líq.					Quanto < melhor
Margem de lucro						Quanto > melhor
Participação de capital de terceiros						
Composição do endividamento						

Análise vertical do balanço patrimonial: mostra a importância relativa de cada conta da demonstração, permitindo saber se há itens fora das proporções normais do patrimônio. São valores expressos em porcentagens que demonstram, por exemplo:

- quais as proporções dos recursos tomados pela empresa;
- qual a participação do capital próprio e de terceiros;
- qual a proporção do estoque em relação ao total do ativo da empresa etc.

Análise horizontal do balanço patrimonial: esta análise é feita em cada conta da demonstração financeira, com sua equivalência a exercícios anteriores, tendo como resultado a projeção de tendências futuras positivas ou negativas de cada conta analisada.

Índices de liquidez: avaliam a capacidade de pagamento da empresa ante suas obrigações, em curto, médio e longo prazos. Divide-se em: liquidez imediata, liquidez corrente, liquidez seca e liquidez geral.

Taxa de retorno sobre o investimento: comumente conhecida como TRI ou ROI (*Return Over Investment*), são razões entre o lucro e o capital investido na empresa. O empresário que investe em negócios necessita conhecer se os resultados alcançados estão ou não trazendo a ele retorno sobre seus investimentos. Trata-se de uma análise extremamente importante, pois, dependendo do que for apurado nos cálculos da TRI, é possível efetuar comparações com outras modalidades de investimentos oferecidas no mercado financeiro, certificando-se do que é mais vantajoso em termos de rentabilidade. Duas medidas desse desempenho recomendadas são:

- a taxa de retorno sobre os investimentos nos ativos da empresa; e
- a taxa de retorno sobre os investimentos no patrimônio líquido.

Payback: é o cálculo que determina o período de tempo para o retorno do capital investido. Quando se pensa em investir em algum negócio, a pergunta que não se cala é: em quanto tempo eu terei o dinheiro de volta? Evidentemente, deve-se levar em consideração que, quanto maior for esse período, pior, pois, além da demora desse retorno, há também o aumento dos riscos, podendo-se optar por negócios que tenham um retorno do capital em um período de tempo menor e mais garantido.

Índice de endividamento: revela o grau de endividamento da empresa, ou, em outras palavras, se a empresa está financiando suas operações com capital próprio ou de terceiros e em que proporção. Ao analisar o endividamento, é bom saber qual a motivação das dívidas. Se a empresa recorre às dívidas como um complemento de capitais próprios para realizar as operações do ativo, pode-se dizer que é um endividamento sadio, pois gera receitas que amortizam as dívidas. Por outro lado, quando se geram dívidas para o pagamento de outras dívidas atrasadas, torna-se um endividamento nocivo e prejudicial, porque não geram recursos para amortização e essas dívidas podem levar a empresa a uma situação de completa insolvência.

CÁLCULOS

Análise vertical do balanço patrimonial: para efetuar o cálculo da análise vertical do balanço patrimonial, apura-se o percentual relativo a cada item do demonstrativo da seguinte maneira:

$$AV = \frac{\text{Conta (ou grupo de contas)}}{\text{Ativo ou passivo total}} \times 100$$

Exemplo de análise vertical nas contas do ativo

ATIVO						
Circulante	2013	%	2014	%	2015	%
Disponível	57.000		34.000		15.600	
Cliente	19.000		7.630		8.780	
Estoque	8.130		9.632		6.320	
Total do circulante	84.130	34	51.262	22	30.700	14
Total do ativo	252.020		235.513		216.930	

Obs.: para efeito de cálculo, não foram considerados as casas decimais e os valores foram aproximados.

$$AV = \frac{84.130}{252.020} \times 100 = 34\%$$

Conclusões: no exemplo acima, verifica-se a análise vertical em grupos de contas do ativo e do passivo. Os resultados são entendidos da seguinte maneira:

a) Houve uma queda considerável no peso participativo no ativo circulante em relação ao total do ativo, o que pode caracterizar uma diminuição do capital de giro da empresa, provavelmente em razão de queda de vendas e receitas ou de uma lentidão no giro do estoque.
b) Houve um crescimento em relação ao total do ativo não circulante nos anos de 2014 e 2015 e isso resultou no aumento do peso participativo em relação ao total do ativo. Significa um maior investimento na conta do imobilizado, aumentando então o endividamento com terceiros, e uma redução do patrimônio líquido.
c) O peso participativo do passivo circulante aumentou, nos exercícios de 2014 e 2015, o que confirma a hipótese de um aumento do endividamento com terceiros.

Essas informações serão parte integrante do relatório gerencial das análises.

Análise horizontal do balanço patrimonial: consiste na comparação entre valores da mesma conta ou grupos de contas, em diferentes períodos. Seu objetivo é elucidar as variações de cada conta ou grupo de conta dos balanços e demonstrações de resultados, bem como de outros demonstrativos, por meio dos exercícios sociais, com a finalidade de identificar tendências. A análise horizontal é realizada com o uso de índices. Um determinado ano de exercício é considerado a base, e seu valor será associado a 100. Dessa maneira, os índices dos exercícios subsequentes serão expressos em comparação com o índice-base (100).

Exemplo: se uma empresa no ano de 2014 teve um ativo total de $ 252.020,00, esse valor estará representando a base 100. Se no ano de 2015 essa mesma conta apresentou um valor de $ 235.513,00, esse decréscimo corresponderá a um índice de 93,45% em relação ao valor de 2014, o que representa uma queda de 6,55% no valor total do ativo. Se o resultado de 2016 registrar um valor de $ 216.930,00, teremos, nesse caso, um índice de 86,08% em relação ao valor-base 100, o que configura uma consecutiva queda na ordem de 13,92%. Observe que os anos de 2015 e 2016 foram comparados com a base 100 (2014), sinalizando uma tendência de decréscimo.

CÁLCULOS

Conservando o exercício de 2014 como base 100

$$AH = \frac{\text{exercício 2015 e 2016}}{\text{exercício 2014 (base 100)}} \times 100$$

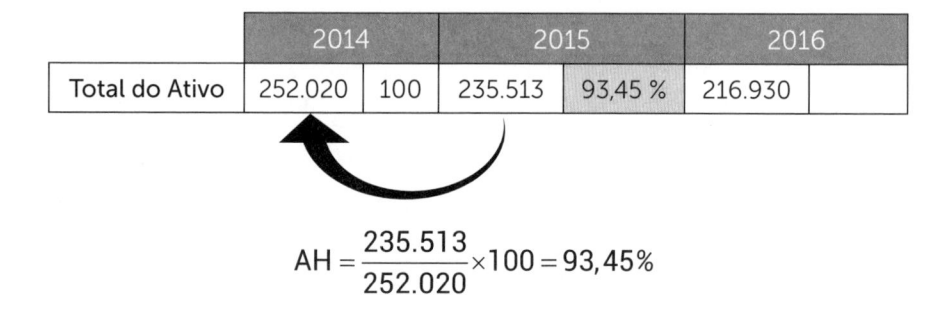

	2014		2015		2016	
Total do Ativo	252.020	100	235.513	93,45 %	216.930	

$$AH = \frac{235.513}{252.020} \times 100 = 93,45\%$$

Análise dos índices de liquidez: são consideradas medidas de avaliação, capazes de mensurar a capacidade financeira da empresa em liquidar as obrigações com terceiros. Essa capacidade de pagamento divide-se em: a) a curto prazo (liquidez imediata, liquidez corrente e liquidez seca); e b) a longo prazo (liquidez geral). Cada índice apresenta diferentes situações, em diferentes períodos na empresa, como será demonstrado a seguir.

Índice de liquidez imediata: mede a imediata capacidade de pagamento que a empresa possui em relação às obrigações com vencimento a curto prazo. Um quociente da divisão entre a conta do disponível do BP (banco e caixa) e a do passivo circulante do BP.

$$LI = \frac{\text{Disponível}}{\text{Passivo circulante}}$$

2014	2015	2016
$LI = \dfrac{57.000}{31.723} = 1{,}79$	$LI = \dfrac{34.000}{35.442} = 0{,}96$	$LI = \dfrac{15.600}{40.994} = 0{,}38$

A leitura do resultado deve ser entendida da seguinte maneira:

- **Exercício de 2014**: para cada R$ 1,00 de dívidas no passivo circulante, a empresa possui em seu disponível R$ 1,79 para pagamento, ou seja, uma condição bem saudável, conseguindo pagar imediatamente suas obrigações em curto prazo e ainda permanecendo com um saldo positivo de R$ 0,79 em seu disponível.
- **Exercício de 2015**: o resultado sinaliza uma piora, pois mostra que, para cada R$ 1,00 de dívida existente no passivo circulante, a empresa apresenta uma disponibilidade imediata de R$ 0,96. Isso indica que nesse momento a empresa não consegue sanar as obrigações imediatamente.
- **Exercício de 2016**: esse resultado apresenta uma queda ainda mais acentuada, e isso deve ser encarado como um ponto de atenção. A cada R$ 1,00 de dívida no seu passivo circulante, a empresa apresenta apenas R$ 0,38 de disponibilidade imediata para pagamento. O gestor deverá procurar as causas dessa redução.

Índice de liquidez corrente: indica o quanto a empresa dispõe em recursos a curto prazo (ativo circulante) para honrar suas dívidas no passivo circulante. Vale aqui ressaltar uma importante observação: o índice de liquidez corrente possui algumas limitações que impedem a visão real da qualidade do ativo circulante, devido às seguintes razões:

- a valorização dos estoques, em alguns casos, pode estar incorreta (superavaliados);
- parte do estoque pode estar obsoleta; e
- as duplicatas a receber apresentam problemas de liquidez.

A apuração do índice de liquidez corrente acontece da seguinte maneira:

$$LC = \frac{\text{Ativo circulante}}{\text{Passivo circulante}}$$

CÁLCULOS

2014	2015	2016
$\frac{84.130}{37.723} = 2,23$	$\frac{51.262}{35.442} = 1,45$	$\frac{30.700}{40.994} = 0,75$

Analisando esses resultados, conclui-se que:

a) No exercício de 2014, para cada R$ 1,00 de dívida presente em seu passivo circulante, a empresa possui R$ 2,23 disponível em seu ativo circulante para pagamento a curto prazo, de fato, uma excelente saúde financeira apresentada nesse momento.
b) No exercício de 2015, a empresa apresentou uma queda nessa mesma capacidade de pagamento, pois, para cada R$ 1,00 de dívida, apresenta disponibilidade de R$ 1,45 em seu ativo circulante para quitação a curto prazo; apesar da queda, ainda foi um bom resultado.
c) O exercício de 2016 apresentou uma situação mais agravante, pois a empresa perde sua capacidade de pagamento a curto prazo: para cada R$ 1,00 de dívida em seu passivo circulante, apresentou apenas R$ 0,75 disponível para pagamento, indicando uma incapacidade no cumprimento de suas obrigações.

Índice de liquidez seca: trata-se de uma análise mais rigorosa para avaliação da capacidade de liquidez no curto prazo. Esse índice indica o quanto a empresa dispõe de recursos para pagamento de suas obrigações sem a necessidade de vender seus estoques. Serve como um aprimoramento do índice de liquidez corrente, excluindo os impactos negativos que poderiam ser causados por estoques não vendidos, supervalorizados ou obsoletos.

Assim como os demais índices, o cálculo para apuração do índice de liquidez seca é simples e descomplicado, bastando o uso da seguinte equação:

$$LS = \frac{\text{Ativo circulante} - \text{estoque}}{\text{Passivo circulante}}$$

CÁLCULOS

2014	2015	2016
$\frac{84.130 - 8.130}{37.723} = 2,23$	$\frac{51.262 - 9.632}{35.442} = 1,17$	$\frac{30.700 - 6.320}{40.994} = 0,59$

Esse resultado propicia ao empresário a chance para uma análise mais conservadora e realística da situação de liquidez existente na empresa em determinado momento, pois o índice elimina qualquer risco associado às possíveis incertezas sobre a venda dos estoques ou mesmo a sua obsolescência, havendo também as questões relacionadas a empresas que não têm elementos suficientes para calcular a rotação dos estoques, e quando há dificuldades na construção de valores para conversão em moeda. Outros fatores decorrentes de situações mais específicas sugerem também o uso do índice de liquidez seca, por exemplo, nos casos em que se vende mais em algumas épocas do ano (sazonalidade) ou existem problemas com o mercado econômico, ocasionando queda nas vendas, resultando em maior lentidão nas rotações dos estoques.

A leitura interpretativa na apuração do índice de liquidez seca deve ser entendida da seguinte maneira: para cada R$ 1,00 de exigibilidade no curto prazo, existiam, em 2014, R$ 2,23 disponíveis em seu ativo circulante líquido para pagar os compromissos existentes naquele período; sem dúvida, um excelente resultado. Já no exercício seguinte, esse mesmo indicador aponta uma queda de liquidez quando o resultado atinge R$ 1,17, isto é, mesmo que a empresa ainda possa ter apresentado uma boa capacidade de liquidez a curto prazo, a piora no índice sugere investigações. Em 2016, a tendência de queda se concretiza pelo resultado de R$ 0,59 de liquidez corrente, ou seja, naquele exercício, a empresa não apresentou recursos suficientes para pagar suas obrigações no curto prazo.

Índice de liquidez geral: representa a capacidade que a empresa possui para o pagamento de suas dívidas a longo prazo. Assim como nos índices anteriores, se o resultado for igual ou superior a R$ 1,00, significa dizer que seus bens e direitos são suficientemente capazes de liquidar todas as dívidas financeiras.

Para apuração desse índice, utiliza-se a seguinte equação:

$$LG = \frac{\text{Ativo circulante} + \text{realizável a longo prazo}}{\text{Passivo circulante} + \text{exigível a longo prazo}}$$

Nos casos em que o balanço patrimonial não apresenta receitas ou dívidas a longo prazo, torna-se desnecessário o cálculo desse índice, pois suas obrigações estarão todas centralizadas no curto prazo.

Como se trata de uma análise representativa de quanto a empresa possui em seu ativo circulante e realizável a longo prazo para cada R$ 1,00 da exigibilidade total da empresa, sua leitura deve ser entendida da seguinte maneira: para cada real de dívida em seu passivo total, a empresa possui, ou não, recursos (ativo circulante + realizável a longo prazo) para o pagamento. Cabe aqui uma importante observação. O resultado desse quociente merece um cuidado especial em sua interpretação.

Com relação aos fatores envolvidos nesse tipo de análise, ou seja, prazos de liquidez do passivo e de recebimento do ativo, que podem apresentar períodos diferentes, principalmente quando se consideram dados do ativo e passivo a longo prazo, é conveniente que a análise seja feita em conjunto com o índice de liquidez corrente. Esse cuidado especial é decorrente de eventuais situações na empresa, por exemplo: a empresa pode contrair um empréstimo de longo prazo, neste caso o resultado do índice de liquidez corrente será favorecido com a entrada desse empréstimo em caixa (ativo circulante), sendo que, na verdade, o montante dessa dívida não aparecerá na conta do passivo circulante do balanço patrimonial, mas sim na conta do realizável a longo prazo. Nesse momento, o cálculo da liquidez corrente da empresa apresentará uma posição enganosa, que só será corretamente entendida com a ajuda da liquidez geral (CHING; MARQUES e PRADO, 2003).

> **Fique atento**
>
> A análise desses índices, feita de forma isolada, não será suficiente para conclusões definitivas sobre a real situação financeira da empresa. O conjunto completo de análises, que envolve a capacidade de liquidez, a estrutura de capitais, o endividamento e a rentabilidade, tornará possível tirar conclusões de forma mais assertiva; o balanço patrimonial também deve ser confiável, traduzindo a fiel realidade da empresa, uma vez que todos os indicadores são obtidos por meio dele.

Estrutura de capital: a composição da estrutura de capital de uma empresa deve-se ao montante de recursos financeiros investidos no negócio pelo proprietário. Em situações de investimentos, espera-se sempre um retorno sobre o valor investido. Essa análise é uma fonte geradora de informações sobre a quantidade de recursos financeiros investidos e financiados, sinalizando o quanto a empresa tem de retornos e riscos que devem ser analisados de maneira bem cuidadosa. Trataremos aqui de três tipos de índices desse grupo: composição do endividamento, participação de capitais de terceiros e imobilização do patrimônio líquido.

Composição do endividamento: representa o percentual de exigibilidade em curto prazo (passivo circulante) em relação às obrigações totais da empresa (passivo total). Evidentemente, quanto menor for esse índice, melhor para empresa.

Seu cálculo é bastante simples.

$$CE = \frac{\text{Passivo circulante}}{\text{Passivo total}} \times 100$$

Como exemplo, vamos simular hipoteticamente a seguinte situação do grupo de contas do passivo do balanço patrimonial:

PASSIVO			
	2014	2015	2016
Passivo circulante total	160.500	249.678	320.748
Exigível a longo prazo	320.467	410.134	231.989

Cálculo do índice de composição do endividamento

2014	2015	2016
$CE = \dfrac{160.500}{480.967} \times 100 = 33\%$	$CE = \dfrac{249.678}{659.812} \times 100 = 38\%$	$CE = \dfrac{320.748}{522.737} \times 100 = 61\%$

Por meio desses resultados, percebe-se que houve um constante aumento do percentual das obrigações em curto prazo. Em 2014, verificou-se que 33% dos vencimentos das dívidas totais aconteciam no curto prazo; esse índice aumentou em 2015 para 38%, chegando a 58% em 2016. Cabe lembrar que, quanto maior for esse índice, maior será a pressão no caixa da empresa para pagar as dívidas de curto prazo; por outro lado, quanto menor for esse índice, maior será o fôlego do caixa para honrar as dívidas de curto prazo. Para que isso se torne possível, a recomendação é que se mantenha a maior concentração dos vencimentos do total das dívidas no longo prazo.

Participação de capitais de terceiros: em termos simples, o índice de participação de capitais de terceiros significa o quanto a empresa usou de capital de terceiros em relação aos recursos totais. O monitoramento do endividamento é um procedimento importante e deve fazer parte da rotina de análises feitas em qualquer empresa. Este índice apresentará, em porcentagem, quanto é o endividamento da empresa em relação aos recursos financeiros totais dela, ou seja, qual é o percentual do ativo total financiado com recursos de terceiros. Trata-se de um percentual que deve ser mantido em níveis relativamente baixos, pois, ao contrário disso, aumentam de forma progressiva as despesas financeiras, afetando a rentabilidade da empresa. Entretanto, isso nem sempre será tão nocivo, já que, se a taxa de despesas financeiras sobre o endividamento com terceiros for menor que a taxa de retorno obtida pelo giro no ativo financiado por esses empréstimos, a participação de capitais de terceiros será benéfica para a empresa.

Para a obtenção desse importante índice, utiliza-se a seguinte equação:

$$PCT = \frac{\text{Passivo total}}{\text{Ativo total}} \times 100$$

Situação hipotética do balanço patrimonial

ATIVO			
Ativo total	2014	2015	2016
	1.365.978	1.187.930	1.234.976

PASSIVO			
Passivo total	2014	2015	2016
	276.867	289.978	298.007

Nota: passivo total = a soma do passivo circulante + exigível a longo prazo.

Cálculo do índice de participação de capital de terceiros

2014	$PCT = \dfrac{276.867}{1.365.978} \times 100 = 20,27\%$
2015	$PCT = \dfrac{289.978}{1.187.930} \times 100 = 24,41\%$
2016	$PCT = \dfrac{298.007}{1.234.976} \times 100 = 24,13\%$

Quanto maior for o índice, maior será o endividamento da empresa, e maior será a dificuldade para pagar seus compromissos. A despesa financeira também aumentará e, consequentemente, diminuirá a lucratividade do negócio. Analisando os resultados acima, percebemos que os índices são relativamente baixos. Em 2014, a empresa apresentou um índice de participação de capital de terceiros de 20,27%, isso significa que, para cada R$ 1 real de fonte de capital, apenas R$ 0,20 foi proveniente de capitais de terceiros. Em 2015, essa participação foi de R$ 0,24, permanecendo o mesmo montante em 2016.

Imobilização do patrimônio líquido: este índice revela quanto do patrimônio líquido foi investido do ativo permanente da empresa. À medida que crescem esses investimentos, surge a necessidade de um constante monitoramento, a fim de se conhecer com exatidão o comprometimento dos recursos próprios da empresa. Quanto maior for a quantidade de recursos usados do patrimônio líquido no ativo permanente, menor será a quantidade desses recursos a serem investidos no ativo circulante, trazendo como consequência um aumento da dependência de capital de terceiros. O recomendável é que o patrimônio líquido seja suficientemente capaz de cobrir o ativo permanente, pois, assim, diminui a dependência financeira da empresa. Portanto, quanto menor for esse índice, melhor para empresa. Se o índice for superior a 1 ou 100%, significa o ativo imobilizado + intangíveis (onde ficam os bens necessários à produção de receitas) é superior ao capital líquido investido (patrimônio líquido).

Para apuração desse índice, utiliza-se a seguinte equação:

$$IPL = \frac{\text{Ativo imobilizado} + \text{Intangíveis}}{\text{Patrimônio líquido}} \times 100$$

Situação hipotética do balanço patrimonial

ATIVO			
Ativo imobilizado + intangível	2014	2015	2016
	888.403	679.734	602.996

PASSIVO			
Patrimônio líquido	2014	2015	2016
	488.241	453.999	507.900

Cálculo do índice de imobilização do patrimônio líquido

2014	$IPL = \frac{888.403}{488.241} \times 100 = 182\%$
2015	$IPL = \frac{679.734}{453.999} \times 100 = 150\%$
2016	$IPL = \frac{602.996}{507.900} \times 100 = 119\%$

Nota: os cálculos referentes ao exemplo acima apresentam valores aproximados, por não considerarem casas decimais.

Analisando os resultados acima, percebemos que a empresa está operando em grande parte com o capital de giro de terceiros, pois nos três exercícios consecutivos todo o seu investimento no ativo permanente é complementado com capital de terceiros, sendo 82% em 2014, 50% em 2015 e 19% em 2016. Em outras palavras, esses resultados indicam que, para cada R$ 100,00 de capital próprio, a empresa utilizou R$ 82,00 em 2014, R$ 50,00 em 2015 e R$ 19,00 em 2016 de capital de terceiros, respectivamente. Conclui-se, portanto, que nesse período seu capital próprio encontrava-se em giro.

Índices de rentabilidade

Em termos simples, a rentabilidade significa o retorno dos investimentos aplicados em determinados ativos financeiros e no patrimônio líquido da empresa. Para o investidor, sem dúvida nenhuma, é uma informação de extrema relevância por se tratar da diferença entre o valor aplicado e o valor resgatado após determinado período. É imprescindível saber se todo esforço empregado no negócio está sendo recompensado com uma boa taxa de retorno, ou se seria mais rentável se todos os recursos fossem empregados no mercado financeiro. Por meio dos índices de rentabilidade é possível a verificação dos capitais investidos, enxergando, assim, o resultado econômico da empresa.

Geralmente a rentabilidade é expressa em valores percentuais, e uma análise completa envolve quatro índices de rentabilidade:

a) **Giro do ativo**: representará quanto a empresa vendeu para R$ 1,00 de investimento total. Como se trata de uma taxa de retorno, evidentemente, quanto maior o índice, melhor para a empresa. Na verdade, esse é um indicativo de quantas vezes a empresa conseguiu recuperar o valor do seu ativo, por meio de suas receitas de vendas em determinado período. Empresas que trabalham com baixas margens precisam de um giro maior para obtenção da lucratividade.

$$\text{Giro do ativo} = \frac{\text{Vendas líquidas}}{\text{Ativo}}$$

Quanto a empresa vendeu para cada R$ 1,00 de investimento total.

b) **Margem líquida**: é o quociente que demonstra quanto a empresa obteve de lucro por cada R$ 100,00 obtidos nas vendas; obviamente, quanto maior for o índice, melhor representará para o resultado da empresa. O índice mede a capacidade de geração de lucro em relação à sua receita líquida de vendas.

$$\text{Margem líquida} = \frac{\text{Lucro líquido}}{\text{Vendas líquidas}} \times 100$$

Quanto se obtém de lucro para cada R$ 100,00 vendidos.

c) **Rentabilidade de ativo**: representa o retorno sobre os recursos investidos no total do ativo. A base para análise refere-se a cada R$ 100,00 de investimento total, o quanto a empresa estará tendo de retorno. Quanto maior for esse índice, melhor será para a empresa.

$$\text{Rentabilidade do ativo} = \frac{\text{Lucro líquido}}{\text{Ativo}} \times 100$$

Quanto se obtém de lucro para cada R$ 100,00 investidos no ativo.

d) **Rentabilidade do patrimônio líquido**: representa o retorno sobre o investimento para cada R$ 100,00 de capital próprio investido. Quanto maior for esse índice, melhor será para o empresário.

$$\text{Rentabilidade do patrimônio líquido} = \frac{\text{Lucro líquido}}{\text{Patrimônio líquido}} \times 100$$

Quanto se obtém de lucro para cada R$ 100,00 de capital próprio investido.

Imagine a seguinte situação do balanço patrimonial e da DRE em determinado período:

Balanço patrimonial

ATIVO			
Total do ativo	2014	2015	2016
	1.631.521	1.208.090	1.439.630
PASSIVO			
Patrimônio líquido	2014	2015	2016
	488.241	453.999	507.900

DRE

	2014	2015	2016
Receita líquida de vendas	604.241	483.499	530.447
Lucro líquido do exercício	67.410	26.383	48.994

	2014	2015	2016
G.A = vendas líquidas/ativo	R$ 0,37	R$ 0,40	R$ 0,37
M.L. = (lucro líquido/vendas líquidas) × 100	11,15%	5,46%	9,24%
R.A. = (lucro líquido/ativo) × 100	4,13%	2,18%	3,40%
R.PL = (lucro líquido/pat. líquido) × 100	13,80%	5,81%	9,64%

Análise dos resultados

O resultado em relação ao giro do ativo em 2014 foi R$ 0,37, em 2015 foi R$ 0,40 e em 2016 foi R$ 0,37. Observa-se então que, para cada R$ 1,00 investido, a empresa "vendeu" R$ 0,37, R$ 0,40 e R$ 0,37, respectivamente. Pelos resultados, observa-se certa estagnação no desempenho das vendas, e isso é pouco favorável para sua lucratividade, sinalizando vendas relativamente baixas em relação aos valores que estão sendo investidos no ativo.

Em relação à margem líquida, os resultados apresentam índices nada animadores, visto todos apresentarem percentuais abaixo de

100%, indicando que, para cada R$ 100,00 de receita líquida de vendas, a empresa obteve um lucro líquido R$ 11,15 (11,15%) em 2014, R$ 5,46 (5,46%) em 2015 e R$ 9,24 (9,24%) em 2016. Como se trata de análise da rentabilidade, quanto maiores os índices, a classe empresarial agradece.

Quanto ao índice de retorno sobre o ativo, também conhecido como a taxa de retorno sobre os investimentos (TRI), avalia quanto a empresa obtém de retorno sobre os recursos investidos no ativo. O exemplo acima demonstrou que em 2014 a empresa obteve um retorno de 4,13%, em 2015 o resultado foi de 2,18% e em 2016 o índice foi de 3,40%. A vantagem da comparação dos últimos índices (2014, 2015 e 2016) é justamente a melhor percepção de tendências. Nesse caso, percebe-se uma queda dos índices nos últimos dois exercícios, o que sugere ações estratégicas em vendas e uma investigação nos custos, pois, dessa forma, se conseguirá um melhor diagnóstico sobre os baixos resultados.

A análise do índice de rentabilidade do patrimônio líquido mostra qual a taxa de rendimento sobre o capital próprio. Nos três anos analisados, a empresa mostrou uma queda significativa dessa rentabilidade, pois em 2014 saiu de um patamar de 13,8%, caindo em 2015 para 5,81% e voltando a crescer em 2016 para 9,24%. Do ponto de vista do agente fornecedor dos recursos financeiros (o investidor), o que deve valer são as opções viáveis para aplicações financeiras que garantam sempre a melhor rentabilidade.

Levando em consideração as rápidas e constantes mudanças que eminentemente ocorrem no cenário atual dos negócios tanto no micro como no macroambiente onde as empresas estão inseridas, a boa gestão passa a ser aquela que se mantém atenta aos controles econômicos e financeiros da empresa, visando sempre alcançar os objetivos e o crescimento dos negócios. O uso do quadro clínico pode ser usado como forma de monitoramento, pois nele se consegue analisar e diagnosticar tendências e pontos a serem melhorados sobre diversos aspectos. As análises das demonstrações contábeis, o estudo dos índices liquidez, do endividamento e da estrutura de capital da empresa e os índices de rentabilidade possibilitam uma visão clara e segura sobre o desempenho dos negócios, gerando informações técnicas importantes para tomada de decisões.

Outra questão que obrigatoriamente deve ser acompanhada com muito cuidado está relacionada aos custos da empresa. Esse assunto, de fato, explica, na maioria dos casos, os fatores determinantes dos bons e maus resultados financeiros. Os controles dos custos também serão determinantes para a elaboração da estratégia de preços da empresa.

> **Voltando ao caso para análise – Partindo para abrir a própria empresa**
>
> Dois anos já se passaram desde a abertura do restaurante de Roberto, e a empresa está caminhando de vento em popa graças ao bom planejamento e ao conhecimento adquirido com a ajuda de sua consultoria. Roberto conseguiu com êxito passar por todas as etapas de formalização e implantação de seu negócio, que, por sinal, é muito promissor. Aqui cabem algumas reflexões sobre as etapas percorridas nesse processo de abertura de um novo negócio: em primeiro lugar, fica muito claro que, para cada decisão tomada, o conhecimento sobre todos os aspectos da legislação brasileira referente às diferentes modalidades de empresas e seus respectivos enquadramentos é fundamental para que haja assertividade nas decisões. A legislação fiscal e tributária também deve ser conhecida, pois proporciona vantagens financeiras quanto ao pagamento de impostos e a certeza de que o empreendedor está cumprindo a lei em sua totalidade.
>
> Um segundo aspecto a ser destacado é a importância de um planejamento que contemple todas as etapas, incluindo as previsões de gastos pré-operacionais, receitas operacionais e despesas, sempre alicerçado num estudo sobre o ambiente onde se pretende trabalhar, identificando o público-alvo e a demanda existente pelo produto ou serviço que se pretende fornecer. Roberto fez exatamente assim!
>
> Agora a preocupação deve se concentrar nos controles e principalmente na gestão contábil e financeira de sua empresa. O monitoramento sobre a estrutura de capital passa a ser algo prioritário e extremamente necessário; para tanto, a leitura e a interpretação dos demonstrativos contábeis tornam-se uma rotina da boa gestão. Como anda a rentabilidade da empresa? Qual a capacidade de pagamento de suas obrigações? Qual a situação atual de toda estrutura de capital, incluindo o grau de endividamento? Essas questões deverão ser analisadas na tentativa de diagnosticar alguma deficiência e também se certificar de que tudo esteja perfeitamente em ordem. Com base neste capítulo, você estará apto a ajudá-lo mais uma vez. Concentre-se nos números e use o seu conhecimento para efetuar as análises necessárias a fim de que Roberto conheça a situação financeira de sua empresa.

Sua opinião como consultor

As análises e a montagem de um quadro clínico serão necessárias, mas Roberto ainda necessita de sua ajuda para realizar esses cálculos. Orientá-lo sobre como fazê-lo representará o seu último trabalho como consultor neste estudo de caso. Abaixo, você encontrará os dados e documentos necessários para a realização desse trabalho e para diagnosticar e gerar informações que permitam a Roberto as tomadas de decisões de maneira assertiva.

Balanço patrimonial encerrado da empresa Comida da Roça

	2015	2016		2015	2016
ATIVO	R$	R$	PASSIVO	R$	R$
Circulante			Circulante		
Disponível	18.000	21.600	Financiamentos	16.400	15.130
Clientes	7.890	11.030	Obrigações fiscais	4.050	4.590
(−) Devedores duvidosos	(1.567)	(2.164)	Salários	9.860	10.846
Estoque	27.600	28.100	Fornecedores	3.330	2.127
Cheques	7.639	8.222	Outras despesas	2.314	3.011
Total circ.	59.562	66.788	Total circulante	52.954	53.061
Não circulante			Não circulante		
Realizável L.P.			Empréstimos	38.554	48.140
Créditos e valores	7.890	8.400	Patrimônio líquido		
Investimentos	20.620	27.690			
Imobilizado			Capital social	35.246	35.246
Equipamentos	39.621	41.100	Reserva de lucro	10.569	17.161
Móveis e ut.	9.630	9.630	Total P. Líq.	45.815	52.407
Total ativo	137.323	153.608	Total passivo	137.323	153.608

Demonstração do resultado do exercício da empresa Comida da Roça		
Descrição	2015	2016
(+) Receita bruta de vendas	380.000	418.000
(−) Dedução da receita bruta		
(−) Vendas canceladas	(1.800)	(3.366)
(−) Impostos sobre vendas	(64.600)	(71.060)
(=) Receita líquida	313.600	343.574
(−) Custo dos produtos	(54.000)	(59.400)
(=) Lucro bruto	259.600	284.174
(−) Despesas operacionais		
(−) Despesas de vendas	(21.600)	(23.760)
(−) Despesas gerais e administrativas	(138.320)	(150.152)
(−) Despesas financeiras	(2.130)	(2.851)
(=) Lucro operacional	97.550	107.411
(=) Resultado antes da CSSL	97.550	107.411
(−) Contribuição Social sobre o Lucro	(11.706)	(12.889,32)
(=) Resultado antes do IRPJ	85.844	94.521,68
(−) Provisão para IRPJ	(12.876,60)	14.178,25
(=) Lucro líquido	72.967,40	80.343,43

a) Faça as análises vertical e horizontal (nas contas do ativo e passivo circulante) referentes aos dois últimos exercícios do balanço patrimonial, com os seguintes objetivos:
- Análise vertical: identifique as contas de maiores pesos no circulante.
- Análise horizontal: verifique as tendências nos circulantes entre o exercício de 2015 e 2016.

b) Analise a capacidade de pagamento da empresa a curto e longo prazos (índices de liquidez imediata, corrente, seca e geral) e efetue um relatório gerencial com base nos respectivos resultados.

c) Monte um quadro clínico analisando os seguintes indicadores:
- índices de liquidez;
- taxa de retorno dos investimentos (do patrimônio líquido e do ativo da empresa);
- margem de lucro;
- participação de capital de terceiros;
- composição do endividamento.

6

O impacto da tecnologia na abertura e manutenção das empresas

Embora já tenhamos efetuado diversas considerações nos capítulos anteriores quanto ao ambiente de tecnologia da informação voltado para área arrecadatória e fiscalizatória, consideramos importante ampliar um pouco mais o debate sobre esse tema, uma vez que a desinformação tem prejudicado o sucesso de muitos empreendimentos. É importante que entendamos que todo esse maravilhoso mundo novo que estamos vendo nascer com o uso das novas ferramentas de tecnologia, principalmente da tecnologia da informação, que se expande de forma exponencial, em que a utilização e o acesso se tornaram praticamente ilimitados, deve ser mais bem entendido.

Apenas trinta anos atrás, para termos um balanço da empresa através do sistema de computação disponível, trabalhava-se com pesadas máquinas da IBM, de desempenho demasiadamente lento e demorado e que apresentavam constantes problemas operacionais, fazendo com que uma tarefa necessitasse de vários dias para ser concluída. Quando se recebia um documento via fax da matriz do exterior, havia uma fascinação com tanta tecnologia, observando a transmissão de cópias de documentos e memorandos em tempo quase real. A aprendizagem dos algoritmos para desenvolver programas nos primeiros computadores pessoais da época possibilitou não mais depender das grandes centrais de processamento de dados e ganhar a independência na geração das informações necessárias para a gestão da empresa e para o atendimento das exigências burocráticas governamentais. Ficava para o campo da ficção o dia em que o ser humano estaria interagindo com a máquina de maneira pessoal e a máquina conseguiria interpretar as nossas vontades e sentimentos, atendendo prontamente às nossas necessidades.

É provável que para muitos, hoje em dia, o relato desse passado relativamente recente possa ser comparado a eventos muito antigos e distantes no tempo, mas trinta anos ainda é um período bastante recente, o que torna quase inacreditável o fato de que, nessa era pós-modernista, já estejamos lidando com uma tecnologia futurista, na qual os seres humanos estão frequentemente conectados às máquinas, surgindo a cada dia novos aplicativos e sistemas que revolucionam completamente os costumes e o comportamento das pessoas. Hoje, as máquinas de inteligência artificial já são uma realidade e estão chegando ao mercado por meio das grandes empresas de tecnologia, oferecendo soluções e possibilidades de utilização que vão muito além do que se pode imaginar, afetando de forma significativa todos os segmentos profissionais existentes e fazendo surgir novos conceitos que até então não existiam, ou seja, bem-vindo a esse quase maravilhoso mundo novo.

Nesse contexto, deve-se levar em consideração que o ambiente empresarial em nosso país é fortemente afetado pela tecnologia, principalmente no que diz respeito aos aspectos contábeis, fiscais e tributários, já que o Sistema Público de Escrituração Digital (SPED), assim que concluído, possibilitará ao governo fiscalizar as empresas quase em tempo real. Como resultado, em muitos casos, o governo passará a ter mais informações sobre as empresas do que os próprios donos delas. Assim, é muito importante que todo empreendimento tenha um planejamento sustentável no que se refere a geração, processamento, análise e disponibilização dessas informações. Cada vez mais, os profissionais que assessoram as empresas nas áreas administrativas, econômicas, contábeis e jurídicas passam a ser substituídos por novos aplicativos e *softwares*, fazendo com que a mão de obra operacional ou braçal de tais funções praticamente deixe de existir.

Embora essa seja uma realidade que já pode ser observada, cabe ressaltar o que ainda é de maior relevância: os profissionais que dominam o conhecimento sobre essas tecnologias e que, por meio de suas consultorias, possibilitarão que empresas validem as decisões tomadas ou até que contribuam no processo de geração dessas informações para que os gestores possam tomar decisões que resultem numa governança corporativa segura e principalmente com bons resultados para os empreendimentos realizados. Hoje, é de fundamental importância que toda classe empresarial possua uma visão holística e a consciência quanto à importância do acesso e uso da tecnologia. Não podemos esquecer a necessidade de assessoramento de consultores capacitados para auxiliar no dia a dia de suas empresas, tomando os devidos cuidados com os chamados vendedores de milagres, que oferecem a possibilidade de efetuar tudo de que se precisa – desde a abertura da empresa à geração dos tributos a serem pagos ao governo, como também a geração e o envio das obrigações acessórias e a elaboração de relatórios contábeis que atendam à legislação vigente – sem a interação humana e totalmente através programas virtuais. Por mais que isso possa se tornar realidade no futuro, hoje ainda não é.

É importante lembrar que estamos em um dos países de maior complexidade fiscal e tributária, onde o processo regulatório ainda é grande e na contramão de muitos países desenvolvidos, o que faz com que essa complexidade, se não entendida e acompanhada por profissionais capacitados e habilitados, acabe gerando um grande risco para as empresas, uma vez que no momento que menos se espera poderão se deparar com a geração de passivos tributário e fiscais oriundos de multas pelo não atendimento ou pelo atendimento ou interpretação de forma incorreta da legislação vigente no país.

Embora façamos parte de uma torcida que deseja um país menos burocrático e complexo no que diz respeito ao atendimento das obrigações principais e acessórias junto ao governo, e também muito onerosas para as empresas, é necessário que todo empresário mantenha os pés no chão quanto ao cumprimento e atendimento dessas regras, com a necessária ajuda de bons profissionais da contabilidade, e ao conhecimento de toda a legislação e obrigações às quais as empresas estão sujeitas. Dessa forma, é possível evitar perdas desnecessárias, que certamente contribuem para o fracasso de muitos empreendimentos, fazendo uso da tecnologia como ferramenta que possibilite maior eficiência e menor custo em todo esse processo.

Glossário

Este glossário tem por objetivo elucidar os termos técnicos, científicos, contábeis, administrativos e financeiros apresentados neste livro. Para atingir esse objetivo, foram utilizados os conceitos já consolidados da área fiscal tributária e contábil e um referencial bibliográfico concernente aos estudos dessa ciência.

A

Atividade-fim: é a atividade que identifica a área de uma empresa na qual são desenvolvidos processos de trabalho que dão característica evidente às ações que por definição constituem o objetivo para o qual a empresa foi criada, a qual deverá obrigatoriamente estar descrita em cláusula própria no instrumento de constituição legal da empresa.

Ativo: compreende os bens, direitos e as demais aplicações de recursos controlados pela empresa, capazes de gerar benefícios econômicos futuros originados de eventos ocorridos.

Ativo circulante: referência aos bens e direitos com alto grau de liquidez, ou seja, que possuem a capacidade de ser convertidos em dinheiro em curto prazo.

Ativo não circulante: corresponde ao grupo de contas em que são registrados os bens e direitos que possuem baixo grau de liquidez, ou seja, a capacidade de se transformar em dinheiro é a longo prazo e são incluídos todos os bens de natureza duradora, destinados ao funcionamento normal do empreendimento, assim como os direitos exercidos para esses fins.

Autônomo: é o profissional, pessoa física, que trabalha por conta própria, ou seja, desempenha uma atividade remunerada sem ter vínculo empregatício com alguma empresa.

B

Balanço patrimonial: documento que representa o retrato instantâneo da situação financeira da empresa em determinado momento e data.

Bens: tudo aquilo que possui valor econômico e que pode ser convertido em dinheiro, sendo utilizado na realização dos propósitos de seu proprietário e que passa ter o pleno direito sobre eles.

C

CAGED: Cadastro Geral de Empregados e Desempregados.

Capital: é o conjunto de recursos disponíveis na empresa, seja financiado por terceiros ou pelo proprietário (passivo ou patrimônio líquido).

Capital de terceiros: são todos os investimentos feitos por terceiros devidamente representados no passivo circulante e não circulante.

Capital próprio: trata-se da riqueza líquida disponível aos sócios, investidores ou proprietário individual, representado pela soma do capital social, suas variações, os lucros acumulados e as reservas.

Capital social: são os investimentos iniciais feitos pelo proprietário da empresa.

Composição do endividamento: representa o percentual de exigibilidade em curto prazo (passivo circulante) em relação às obrigações totais da empresa (passivo total).

Contabilidade de custos: o objetivo principal da contabilidade de custos é fornecer ao gestor um claro panorama dos gastos de sua empresa, para que se possa analisar melhor determinada situação financeira.

Contabilidade financeira: responsável pelas operações de pagamento e recebimento.

Contabilidade tributária: também conhecida como contabilidade fiscal, tem como função apurar e conciliar a geração de tributos.

Cumulatividade: método de apuração segundo o qual o tributo é exigido na sua inteireza toda vez que ocorre a hipótese de incidência descrita na norma tributária, sem a possibilidade de amortizar nessa operação o valor do tributo incidido na operação antecedente.

D

DAS: Documento de Arrecadação do Simples Nacional.

DCTF: Declaração de Débito e Crédito de Tributos Federais.

Demonstração do resultado do exercício: documento contábil que apresenta as demonstrações financeiras devidamente ordenadas, no qual constam as receitas da empresa e a subtração das despesas e dos custos ocorridos durante determinado período.

Demonstrações contábeis: representações monetárias da posição patrimonial e financeira em determinados momentos e datas.

Direitos: é tudo o que a empresa tem a receber que proporciona benefícios em curto ou longo prazo.

E

Ébrios habituais: é a pessoa que consome bebida alcoólica de forma imoderada, por hábito ou vício de beber.

ECD: Escrituração Contábil Digital.

ECF: Escrituração Contábil Fiscal.

EPP: Empresa de Pequeno Porte.

Escrituração fiscal: pode ser definida como as obrigações de lançamento e apuração de impostos a serem transmitidas à Fazenda Pública. Nesse sentido encontra-se a necessidade de transparência na dinâmica econômico-financeira das empresas. Toda organização possui documentos fiscais.

eSocial: é um programa do Governo Federal que visa unificar o envio de informações pelo empregador em relação aos trabalhadores que lhe prestam serviços remunerados.

Estrutura de capital: a composição da estrutura de capital de uma empresa deve-se ao montante de recursos financeiros investidos no negócio pelo proprietário.

F

Factoring: é uma atividade comercial caracterizada pela aquisição de direitos creditórios.

Firma individual: é a pessoa jurídica pertencente a uma só pessoa física, a qual assume todo o risco, recebe os lucros ou sofre os prejuízos decorrentes de sua atividade.

G

GFIT/SEFIP: Guia de Recolhimento do Fundo de Garantia do Tempo de Serviço e Informações à Previdência Social/Sistema Empresa de Recolhimento do FGTS e Informações à Previdência Social, que passará a ser unificado dentro do eSocial.

I

ICMS: Imposto sobre Operações relativas à Circulação de Mercadorias e Prestação de Serviços de Transporte Interestadual e Intermunicipal e de Comunicação.

Imobilização do patrimônio líquido: revela o quanto do patrimônio líquido foi investido do ativo permanente da empresa.

Índice de endividamento: revela o grau de endividamento da empresa, ou, em outras palavras, se ela está financiando suas operações com capital próprio ou de terceiros e em que proporção.

Índice de liquidez: avalia a capacidade de pagamento da empresa ante suas obrigações, em curto, médio e longo prazos.

Índice de liquidez corrente: indica o quanto a empresa dispõe em recursos a curto prazo (ativo circulante) para honrar suas dívidas no passivo circulante.

Índice de liquidez geral: representa a capacidade que a empresa possui para o pagamento de suas dívidas a longo prazo.

Índice de liquidez imediata: mede a imediata capacidade de pagamento que a empresa possui em relação às obrigações com vencimento a curto prazo.

Índice de liquidez seca: indica o quanto a empresa dispõe de recursos para pagamento de suas obrigações sem a necessidade de vender seus estoques.

Índice de participação de capitais de terceiros: quanto a empresa usou de capital de terceiros em relação aos recursos totais.

Índice de rentabilidade: significa o retorno dos investimentos aplicados em determinados ativos financeiros e no patrimônio líquido da empresa.

INPI: Instituto Nacional da Propriedade Industrial. Órgão do governo brasileiro que tem a responsabilidade de zelar e responder pelas normas que regulam a propriedade intelectual e industrial.

INSS patronal: é a contribuição previdenciária paga pelo empregador com o fim de financiar a Seguridade Social, e não somente os seus empregados e prestadores de serviço.

ISS: Imposto Sobre Serviços, que substitui o antigo Imposto Sobre Serviços de Qualquer Natureza (ISSQN), cujo pagamento é obrigatório pelas empresas prestadoras de serviços.

M

ME: Microempresa.

O

Obrigações: são as dívidas que devem ser pagas a terceiros (empresa ou pessoa física) e que em algum momento serão exigidas.

Obrigações acessórias: representam um dever administrativo com a finalidade de controlar o cumprimento da obrigação tributária de exigência do tributo, oferecendo ao fisco dados para a comprovação do pagamento da obrigação principal.

Obrigações tributárias principais: surgem em decorrência do fato gerador e têm por objeto o pagamento do tributo, como é o caso de impostos, contribuições e taxas.

P

Passivo: compreende as origens de recursos representados pelas obrigações para com terceiros, resultantes de eventos ocorridos que exigirão recursos para a sua liquidação.

Passivo circulante: é uma referência a todas as obrigações pagas em curto prazo, ou seja, em até 12 meses (um ano).

Passivo não circulante: trata-se do conjunto de contas do passivo com vencimentos a longo prazo.

Patrimônio líquido: representa aquilo que os sócios, acionistas ou o proprietário da empresa individual realmente possuem, sua riqueza efetiva, aquilo que lhes sobra após o pagamento de todas as dívidas.

Payback: é o cálculo que determina o período de tempo para o retorno do capital investido.

Pessoa jurídica: é uma entidade formada por indivíduos e reconhecida pelo Estado como detentora de direitos e deveres. O termo pode se referir a empresas, governos, organizações ou a qualquer grupo criado com uma finalidade específica.

Pródigo: é aquele que dilapida seus bens de forma compulsiva. É a pessoa que gasta imoderadamente seu dinheiro e seus bens, comprometendo o seu patrimônio. Por esse motivo, os pródigos são considerados relativamente incapazes e, portanto, podem ser interditados judicialmente.

Profissão intelectual: Código Civil, artigo 966. Não se considera empresário quem exerce profissão intelectual, de natureza científica, literária ou artística, ainda com o concurso de auxiliares ou colaboradores, salvo se o exercício da profissão constituir elemento de empresa.

R

RAIS: Relação Anual de Informações Sociais, que passará a ser incorporada no eSocial.

Registro de Partes Beneficiárias Normativas: livros sociais que as companhias devem ter em seu poder para os devidos registros.

S

Simples Nacional: é um regime compartilhado de arrecadação, cobrança e fiscalização de tributos aplicável às Microempresas e Empresas de Pequeno Porte, previsto na Lei Complementar 123, de 14 de dezembro de 2006. Abrange a participação de todos os entes federados (União, Estados, Distrito Federal e Municípios).

Sociedade de capital aberto: é uma sociedade anônima cujo capital social é formado por ações – títulos que representam partes ideais – livremente negociadas no mercado sem necessidade de escrituração pública de propriedade (por parte da pessoa física compradora).

Sociedade de capital fechado: é uma sociedade anônima na qual o capital social é representado pelas ações e está normalmente dividido entre poucos acionistas.

Sociedade empresária: é a reunião de pessoas que têm como objetivo exercer profissionalmente atividade econômica organizada para a produção ou circulação de bens ou serviços, visando ao lucro; seu registro legal sempre ocorrerá nas Juntas Comerciais de cada estado.

Sociedade limitada: consiste num tipo de **sociedade empresarial** que se caracteriza pela participação dos sócios através dos investimentos feitos proporcionalmente às **cotas do capital social da empresa**. É firmada quando duas ou mais pessoas se unem para criar uma sociedade empresária, sendo esta baseada num **contrato social** que serve para especificar todos os aspectos referentes às normas da empresa e ao capital social, sendo este dividido em cotas.

Sociedade simples: é organizada por no mínimo duas pessoas (com exceção da EIRELI) e tem o objeto lícito descrito em seu contrato social, de natureza essencialmente não mercantil; seu registro legal sempre ocorrerá nos Cartórios de Registro das Pessoas Jurídicas.

SPED: Sistema Público de Escrituração Digital, que é disponibilizado para as empresas e possibilita a elas o envio das suas obrigações acessórias, permitindo o compartilhamento entre as esferas federal e estadual.

T

Taxa de retorno sobre o investimento: conhecida por TRI ou ROI (*Return Over Investiment*), são razões entre o lucro e o capital investido na empresa.

Referências

CHING, Hong Yuh; MARQUES, Fernando; PRADO, Lucilene. *Contabilidade e finanças – Para não especialistas*. São Paulo: Pearson Prentice Hall, 2003.

MARION, José Carlos. *Contabilidade básica*. São Paulo: Atlas, 2009.

MAXIMIANO, Antonio Cesar Amaru. *Administração para empreendedores*: fundamentos da criação e da gestão de novos negócios. São Paulo: Pearson, 2005.

SEBRAE. *Causa Mortis* – O sucesso e o fracasso das empresas nos primeiros 5 anos de vida. Pesquisa realizada com 1.829 empreendedores. Disponível em: <http://www.sebraesp.com.br/arquivos_site/biblioteca/EstudosPesquisas/mortalidade/causa_mortis_2014.pdf>. Acesso em: 19 fev. 2016.

Respostas dos exercícios

CAPÍTULO 1

a) **Além da experiência e conhecimento em cozinha, o que mais Roberto necessita saber para montar sua própria empresa?**

As orientações contidas no primeiro capítulo do livro frisam algumas necessidades primárias para quem pretende empreender algum tipo de negócio. Via de regra, além do conhecimento técnico sobre o produto ou serviço que se pretende vender, entender a configuração societária, fiscal e tributária é fundamentalmente necessário para uma melhor interação com os profissionais da contabilidade, e possuir a capacidade para expressar a sua própria vontade. Além disso, o empreendedor deve elaborar um planejamento bem estruturado, levando em consideração a localização, o público-alvo e a demanda existente nesse mercado.

b) **Com base em todos os aspectos que foram abordados neste capítulo, quais seriam suas primeiras orientações para que Roberto tenha condições de dar os primeiros passos de maneira segura e na direção certa?**

Vimos que o Brasil é um dos países do mundo com grande complexidade tributária e burocrática, por possuir mais de três mil leis ativas e mais de 60 tipos de tributos, e 160 obrigações acessórias que devem ser cumpridas. Quem pretende abrir uma empresa deve estar ciente de que estará sujeito a todas as regras societárias, fiscais e tributárias, que, se não entendidas e analisadas corretamente, podem tornar o empreendimento inviável. Essas obrigações farão parte integrante de toda carreira empreendedora.

c) **Explique a importância do planejamento e o que deve ser considerado antes mesmo de pensar em abrir a empresa.**

Planejar significa antecipar situações e preparar-se da melhor maneira possível para enfrentá-las. Em um processo de abertura de uma empresa, inúmeras decisões devem ser tomadas e várias etapas devem ser cuidadosamente cumpridas. Antes mesmo de pensar em abrir uma empresa, deve-se analisar os seguintes aspectos: Qual será a razão social? Com base na escolha do público-alvo, qual a melhor localização? Qual o montante de capital necessário para a abertura dessa empresa? Com base na demanda identificada, qual a perspectiva de receitas e despesas mensais? Qual a configuração ideal dessa empresa (societária, fiscal e tributária)? Qual a estrutura necessária (nos aspectos físico e de pessoas) para operacionalizar esse negócio? Essas e outras questões justificam em muito a elaboração de um prévio planejamento.

CAPÍTULO 2

a) **Roberto pode abrir seu restaurante como pessoa física, sendo um autônomo? Explique detalhadamente sua resposta.**

Não. Nas pretensões de Roberto, abrir seu negócio como pessoa física sendo um autônomo não condiz com o que, de fato, ele pretende montar. Como regra geral, o profissional autônomo é a pessoa física que presta serviços de natureza urbana ou rural, em caráter eventual a uma ou mais empresas. Roberto não será um prestador de serviços eventuais, mas sim proprietário de um local de venda de alimentos e bebidas, onde possivelmente outras pessoas deverão ser empregadas.

b) **Explique a Roberto o que é uma pessoa jurídica.**

A pessoa jurídica, como o próprio nome diz, é a pessoa juridicamente constituída e não existe fisicamente, sendo algo intangível, que existe apenas no mundo do intelecto humano; se os seres humanos convencionassem que ela não mais precisaria existir, ela simplesmente deixaria de existir, por isso muitos se referem às pessoas jurídicas como entidades jurídicas. Uma entidade jurídica é algo que não pode ser comprovado em sua existência física, mas que os seres humanos convencionaram acreditar em sua existência, atribuindo-lhe valores e obrigações. Diferentemente da pessoa física, as entidades jurídicas estão sujeitas às obrigações fiscais, tributárias e societárias, e seu registro deve ser aberto em cartórios jurídicos ou na Junta Comercial do estado de origem.

CAPÍTULO 3

a) **Roberto está prestes a se tornar um empresário, mas ele ainda não sebe exatamente quais são os requisitos legais para que isso possa acontecer. Esclareça essa questão mostrando todos os quesitos necessários para a concretização de seus planos.**

Obrigatoriamente a empresa de Roberto deverá ser aberta como pessoa jurídica, e para isso deve atender às seguintes condições: a) ter idade superior a 18 anos, que é a idade de maioridade hoje em nosso país; b) ser brasileiro, ou ter visto permanente no país; c) não estar enquadrado na condição de "absolutamente incapaz" ou "relativamente incapaz". Atendendo a todos esses requisitos, Roberto estará apto a se tornar um empresário, perante a lei brasileira

b) **Sabendo que Roberto pretende faturar mensalmente R$ 150.000,00 nos dois primeiros anos e dobrar esse faturamento no terceiro ano, assim como contratar 10 funcionários para as funções de cozinha, auxiliares gerais e administração, dê a sua opinião de qual seria o melhor enquadramento societário para ele abrir a empresa e explique o porquê.**

O MEI é o empresário individual, sem sócios, optante pelo Simples Nacional e com receita bruta anual de até R$ 60.000,00 (2016), o que, por si, já impossibilita a realização do desejo de Roberto, visto que sua empresa poderá alcançar um faturamento anual superior a R$ 180.000,00. Além do mais, Os MEIs são unidades produtivas autônomas, trabalhando individualmente ou com auxílio de até <u>um</u>

funcionário, ganhando um salário mínimo ou um salário piso de categoria. Nas pretensões de Roberto, a empresa necessitará de pelo menos dez funcionários, com salários compatíveis com a experiência e a capacidade profissional. Dessa forma, ele não poderá ser enquadrado como um MEI.

CAPÍTULO 4

a) **Qual a melhor opção para o restaurante de Roberto, Lucro Real ou Lucro Presumido?**

Esta ainda é uma dúvida muito comum para um grande número de empresários, e a verdade é que não há uma definição padronizada e exata que possa ser adotada em todos os casos, pois a escolha dependerá de simulações e análises de situações que se diferem de uma empresa a outra. Antes de qualquer decisão, o empresário deve se certificar se as características de seu negócio obrigam ou não à tributação como Lucro Real (vimos que em alguns casos isso é obrigatório). Caso não exista essa obrigatoriedade, recomenda-se uma análise com base em simulações, a fim de se obter a certeza da escolha mais apropriada, (Lucro Real ou Lucro Presumido). Os seguintes aspectos devem ser considerados nessa escolha: a) pela modalidade do Lucro Presumido, a base de cálculo é o faturamento da empresa e não o lucro apurado em balanço (diferentemente da modalidade de Lucro Real, em que o cálculo é apurado sobre o lucro apurado), sendo assim, a opção do Lucro Presumido pode não ser vantajosa para as empresas que vierem a apurar prejuízo ou nas quais o lucro apurado fique abaixo do percentual de lucro presumido pelo fisco para a sua atividade; b) é muito importante que se faça a simulação dos tributos pelo Lucro Real e pelo Lucro Presumido para fazer a opção mais vantajosa para a empresa, lembrando que ela se dará pelo primeiro pagamento do ano desses tributos (peça sempre ajuda de um profissional da contabilidade).

b) **No caso do Simples Nacional, quais são os impostos e as respectivas alíquotas que incidirão sobre a empresa de Roberto?**

Caso a empresa de Roberto se enquadre no Simples Nacional (veja no Capítulo 4 as condições de enquadramento no Simples Nacional), a alíquota pode variar entre 4% e 19%, dependendo de sua receita bruta em 12 meses (verificar tabela de alíquotas no Capítulo 4 do livro). Lembrando que o Simples Nacional abrange a participação de todos os entes federados (União, Estados, Distrito Federal e Municípios), o que permite a simplificação na arrecadação por poder permitir que em único recolhimento seja possível pagar os tributos federal (inclusive previdenciário), estadual e municipal. Caso Roberto faça a opção pelo Simples Nacional, estará sujeito aos seguintes tributos: IRPJ, CSLL, PIS/Pasep, COFINS e ISS. Além disso, o Simples inclui ainda a Contribuição Patronal Previdenciária (CPP) para a Seguridade Social, a cargo da pessoa jurídica. O recolhimento dos tributos abrangidos se dá mediante Documento Único de Arrecadação (DAS).

CAPÍTULO 5

a) **Faça as análises vertical e horizontal (nas contas do ativo circulante) referentes aos dois últimos exercícios do balanço patrimonial, com os seguintes objetivos:**
 - Análise vertical: identifique as contas de maiores pesos no ativo circulante.
 - Análise horizontal: verifique as tendências nos circulantes entre o exercício de 2015 e 2016.

	2015	AV	2016	AV
ATIVO	R$		R$	
Circulante				
Disponível	18.000	13,11%	21.600	14,06%
Clientes	7.890	5,75%	11.030	7,18%
(−) Devedores duvidosos	(1.567)		(2.164)	
Estoque	27.600	20,10%	28.100	18,29%
Cheques	7.639	5,56%	8.222	5,35%
Total circ.	59.562		66.788	
TOTAL DO ATIVO	137.323		153.608	

Nota: Nos dois exercícios apresentados, a conta do "estoque" se apresenta com o maior peso do ativo circulante. Cabe aqui uma investigação mais criteriosa, a fim de saber se o estoque está desnecessariamente alto, imobilizando assim uma parcela maior do capital de giro.

ATIVO	2015 R$	AH	2016 R$	AH
Circulante				
Disponível	18.000	100	21.600	120%
Clientes	7.890	100	11.030	139,8%
(−) Devedores duvidosos	(1.567)		(2.164)	138,1%
Estoque	27.600	100	28.100	101,81%
Cheques	7.639	100	8.222	107,63%
Total circ.	59.562	100	66.788	

Notas:

- A conta "disponível" do ativo circulante apresentou uma tendência de aumento de 20% em comparação ao exercício de 2015, o que pode representar um bom sinal.
- A conta de clientes apresentou um crescimento de 39,8% em relação ao exercício anterior, o que também pode representar um ótimo sinal no aumento das vendas.
- A conta de "Devedores duvidosos" cresceu 1,81% em relação a 2015, o que pode significar uma ineficiência nas cobranças e controles de crédito.
- As vendas realizadas com cheques pré-datados cresceram 7,63% em relação a 2015. Se os prazos desses recebimentos não afetarem o caixa da empresa, muito bem; caso contrário, passa a ser um ponto de alerta ou correções.

b) Analise a capacidade de pagamento da empresa a curto e longo prazos (índices de liquidez imediata, corrente, seca e geral) e efetue um relatório gerencial com base nos respectivos resultados.

Liquidez imediata (Exercício 2015): 0,34 – Significa dizer que, para cada R$ 1,00 de dívida existente do passivo circulante, a empresa possui apenas R$ 0,34 em seu disponível para pagamento, o que indica que ela não consegue pagar suas obrigações de curto prazo de forma imediata.

Liquidez imediata (Exercício de 2016): 0,41 – Significa dizer que, para cada R$ 1,00 de dívida existente do passivo circulante, a empresa possui apenas R$ 0,41 em seu disponível para pagamento, o que indica que, apesar da leve melhora em relação a 2015, ela continua sem condições para pagar suas obrigações de curto prazo de forma imediata.

Liquidez corrente (Exercício de 2015): 1,12 – Neste caso, a capacidade de pagamento no curto prazo referente ao exercício de 2015 é mais confortável, pois, para cada R$ 1,00 de dívida existente no passivo circulante, a empresa possui R$ 1,12 em seu ativo circulante para o cumprimento de suas obrigações.

Liquidez corrente (Exercício 2016): 1,26 – Houve uma pequena melhora na capacidade de pagamento em curto prazo em comparação ao exercício anterior. A situação se manteve relativamente confortável no final do exercício, pois, para cada R$ 1,00 de dívida existente no passivo circulante, a empresa possui em seu ativo circulante R$ 1,26, o que significa que, após o pagamento das obrigações no curto prazo, haverá sobra no caixa.

Liquidez seca (Exercício 2015): 0,60 – A análise da liquidez seca servirá como uma forma mais aprimorada, ou seja, uma certeza maior sobre a real capacidade de cumprimento das obrigações em curto prazo. Via de regra, seu uso se justifica em situações em que se evita a venda do estoque para cumprimento das obrigações ou em casos em que o estoque perde ou diminui seu grau de liquidez (estoques obsoletos ou supervalorizados). Neste caso, observa-se que a capacidade de pagamento diminui consideravelmente sem o estoque em comparação com a liquidez corrente, pois, para cada R$ 1,00 de dívida existente no passivo circulante, a empresa possui apenas R$ 0,60 em seu ativo circulante, excluindo o valor do estoque. Há de se verificar a razão desse motivo. O estoque pode ser reduzido sem interferir no atendimento diário dos clientes?

Liquidez seca (Exercício 2016): 0,73 – O resultado da liquidez seca melhorou em comparação ao exercício anterior, passando a ser R$ 0,73 disponível no ativo circulante sem o estoque, para cada R$ 1,00 de dívida em seu passivo circulante; isso é um bom sinal.

Liquidez geral (Exercício 2015): 0,96 – Imaginando que essa empresa encerrasse suas atividades no final desse exercício, ela não conseguiria pagar suas obrigações de curto e longo prazos, pois, para cada R$ 1,00 de dívida existente em seu passivo, ela possui em seu ativo circulante mais o de longo prazo apenas R$ 0,96.

Liquidez geral (Exercício 2016): 1,02 – A empresa apresentou melhoras em sua capacidade de pagamento a longo prazo. No final desse exercício existia, para cada R$ 1,00 de dívidas em seu passivo total, R$ 1,02 em seus ativos circulantes e longo prazo, o que possibilitava o pleno saneamento das obrigações.

c) **Monte um quadro clínico analisando os seguintes indicadores:**
- índices de liquidez;
- taxa de retorno dos investimentos (do patrimônio líquido e do ativo da empresa);
- margem de lucro;
- participação de capital de terceiros;
- composição do endividamento.

		Exercícios		Resultados
		2015	2016	Avaliação
Índice de liquidez	Imediata	0,34	0,41	Quanto > melhor
	Corrente	1,12	1,26	Quanto > melhor
	Seca	0,60	0,73	Quanto > melhor
	Geral	0,96	1,02	Quanto > melhor
Rentabilidade	Ativo	53,14% a.a.	52,30% a.a.	Quanto > melhor
	Patr. líq.	159,27% a.a.	153,31% a.a.	
Margem líquida		23,27%	23,38%	Quanto > melhor
Participação de capital de terceiros		66,64%	65,88%	Quanto < melhor
Composição do endividamento		57,87%	52,43%	Quanto < melhor

Conclusões com base nos resultados do quadro clínico

- A rentabilidade sobre os investimentos feitos no **ativo da empresa** demonstrou que ao final do exercício de 2015 obteve-se uma taxa de retorno equivalente a 53,14% a.a. Já a rentabilidade sobre o **capital próprio** investido na empresa resultou em uma taxa de retorno de 159,27% a.a.
- Nos cálculos da rentabilidade sobre os investimentos feitos no exercício de 2016, obtiveram-se os seguintes resultados: retorno sobre os investimentos do ativo: 52,30% a.a.; os investimentos feitos com o capital próprio geraram uma taxa de retorno de 153,31% a.a. (Observa-se aqui uma pequena queda de rentabilidade em ambos os casos, em relação ao exercício anterior. O que fazer?)

Conclusão: Para que Roberto tenha a certeza sobre a qualidade desses resultados, duas informações devem ser apuradas: a) se tais investimentos fossem feitos em aplicações no mercado financeiro durante o mesmo período, a rentabilidade seria mais vantajosa?; b) analisando empresas do mesmo segmento de Roberto, qual seria a média de retorno sobre os investimentos nesse mercado? Os resultados aqui alcançados estariam iguais ou superiores a essa média?

- **Margem líquida**: o resultado dessa análise aponta o quanto se obteve de lucro para cada R$ 100,00 vendidos. No caso do restaurante de Roberto, no final do exercício de 2015 a margem foi de R$ 23,27 para cada R$ 100,00 vendidos, e em 2016 essa margem se manteve com leve melhora. Mais uma vez, é necessário descobrir qual é a média desse segmento para ter certeza de que a empresa está realmente deficitária nesse ponto.
- **Participação de capital de terceiros**: quando a estrutura de capital mostra que a maior parte das fontes de recursos financeiros é gerada por terceiros, há duas coisas a se pensar. Em primeiro lugar, esse endividamento é algo sadio? Ou seja, mesmo com o giro da empresa sendo financiado por uma maior quantidade de recursos de terceiros, isso está proporcionando bons resultados nas vendas, a ponto de cumprir com todas as obrigações? Se a resposta for positiva, trata-se de algo sadio e que não compromete as finanças da empresa. Mas, se esse endividamento é usado apenas para pagar dívidas, sem gerar receitas, passa a ser perigoso. No caso de Roberto, no final do exercício de 2015, 66,64% das

fontes pertencem a terceiros, ou seja, para cada R$ 1,00 de fonte de capital, R$ 0,67 pertence a terceiros. Já em 2016 esse índice diminuiu para 65,88%, ou, para cada R$ 1,00 de fonte de capital, R$ 0,66 pertence a terceiros.

- **Composição do endividamento**: no exercício de 2015, o resultado apurado mostra que 57,87% dos vencimentos das dívidas totais acontecem no curto prazo. Já em 2016, há uma melhora nesse índice, com 52,43% dos vencimentos totais acontecendo no curto prazo.